누구나
쉽고 재미있게

사고력 수학

노크

B1
(9~10세)

수

이 책을 보시는 부모님들께

머리가 좋아야 수학을 잘 한다는 말이 있습니다. 또, 수학을 잘 못하는 아이는 아빠, 엄마의 머리를 물려받아서 그렇다는 등의 난데없는 유전자 논쟁이 벌어지기도 합니다. 하지만 많은 사람들의 일반적인 생각과는 달리 이는 근거없는 이야기입니다. 외국의 한 연구 기관에서 언어, 사회, 수학, 과학의 네 가지 분야 중 어떤 것이 아동의 선천적 재능에 영향을 받는지 조사한 연구 결과를 발표했는데 일반적인 예상과는 다르게 선천적 재능에 영향을 받는 순서는 사회, 언어, 과학, 수학 순이었습니다. 다시 말해, 수학은 여러 학문 분야 중 선천적인 재능보다는 후천적인 환경이나 교육자, 학습자의 노력에 가장 큰 영향을 받는 학문이라 볼 수 있습니다. 수학의 가장 기본이 되는 '수 영역'의 예를 들어 보겠습니다. 아이들이 수를 처음 접하는 시기의 차이는 있지만 실제 수에 대한 감각과 수를 다루는 연습은 생활 속에서의 체험이나 다양한 활동, 학습 속에서 이루어집니다. 즉, 수학의 가장 기본이 되는 수는 선천적으로 가진 재능과는 거의 연관이 없으며 자라나면서 어떤 환경에 놓이는지, 얼마나 많이 수를 생각할 수 있는 기회가 있는지, 나이에 맞는 올바른 학습을 만날 수 있는지에 좌우됩니다. 그러므로 아이의 수학적 발달에 문제가 있다면, 그 아이가 누구를 닮아서 그런지, 지능이 떨어지는지를 따질 것이 아니라 수학적 힘을 기를 수 있는 학습 환경을 어떻게 만들어줄 것인가를 고민해야 합니다.

국제영재교육연구소의 랜즐리 소장은 영재의 기준을 마련하기 위해 여러 연구를 시행한 결과, 영재의 공통적인 특징들을 발견하였습니다. 첫째는 115 이상의 지능지수(IQ), 둘째는 창의력(Creativity), 셋째는 동기적 요소라고 부르는 끈질긴 근성과 과제집착력이었습니다. 이들 세 가지 요소 역시 선천적으로 타고 나는 부분도 물론 있겠지만 대부분 후천적인 학습이나 교육 활동을 통해 기를 수 있는 능력이라는 데에 이의를 제기하기는 힘듭니다.

이 처럼 수학적 능력은 후천적 학습 환경에 주로 좌우되며, 특히 어린 시절
에는 그러한 경향이 더더욱 두드러집니다. 하지만 우리의 아이들을 둘러싼
수학적 환경을 다시 한 번 돌아봅시다. 초등학교를 들어가기 전부터 과도한 학습량과 무
의미한 반복 활동, 이후의 수학 학습에 오히려 방해가 될 정도로 무리한 선행 학습 등의
환경은 아이의 수학적 힘을 길러주기보다는 수학에서 가장 중요한 창의적 사고력을 기를
수 있는 기회를 박탈함과 동시에 수학에 대한 흥미를 급속하게 떨어뜨리게 하여 수학으
로 문제를 해결하려는 의지, 즉 수학적 동기를 스스로에게 부여하는 것을 불가능하게 만
들어 버립니다. 중요한 것은 남들보다 먼저, 그리고 더 많이 수학적 지식을 머리 속에 주
입하는 것이 아니라 태어나서부터 누구나 가지고 있는 수학에 대한 관심, 그리고 수학으
로 생각하는 힘을 일깨워주는 것입니다.

수학을 잘할 수 있는 힘,

수학적 잠재력은 이미 여
러분 아이들의 머릿 속에
줄곧 있어왔습니다. 단지 어떤 아이는 그것을 찾아내어 드러낼 수 있었고, 어떤 아이는
꼭꼭 숨긴 채 평생 드러나지 않을 뿐입니다. 이러한 수학적 잠재력에 대한 참신한 자극 –
생각을 두드리는 '노크'를 제안하려 합니다. '노크'는 수학적 지식과 스킬만을 무리하게
밀어넣지 않습니다. 왜 수학을 해야 하고, 어떻게 수학으로 가능한지 끊임없이 스스로 생
각하게하는 계기로서의 활동이 되려 합니다. 일상으로부터 괴리된 학문으로서의 수학이
아닌, 삶을 살아가며 반드시 키워야 할 논리적, 합리적 사고력을 기를 수 있는 누구에게
나 가장 중요한 경쟁력으로서의 수학을 주장합니다. '노크'야말로 새로운 수학 학습의 길
을 보여주는 방향타가 될 것입니다.

한 현 조

똑!똑! 사고력 수학
노크의 구성

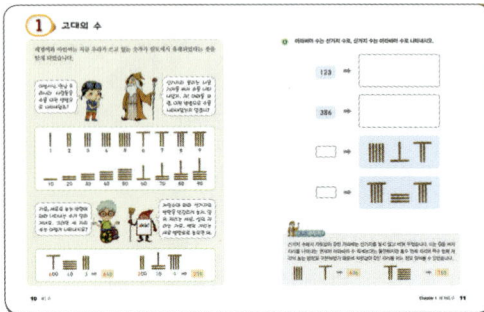

시작 : 생각열기

사고력 수학 주제에 맞는 수학적 상황, 수학사, 생활 속 수학 이야기 등의 자유로운 형식으로 흥미를 유발하고, 수학적 사고를 자극하는 주제별 프롤로그

노크 포인트

문제 해결의 핵심적 원리를 '콕!' 집어서 간결하게 요약한 사고력 수학 주제별 포인트

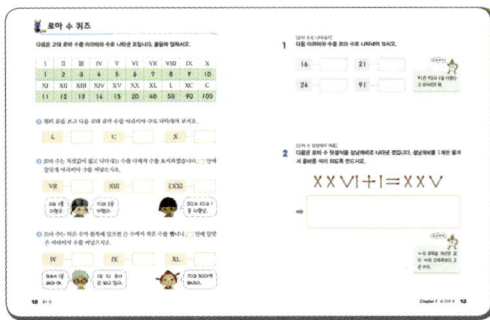

전개 : 유형 탐구

사고력 수학의 대표 유형을 노크만의 새로운 방법으로 차근차근 한 단계씩 익히고 해결하는 단계적 유형 탐구와 이를 통해 익힌 방법적 원리를 적용, 확장하는 확인 문항

수학 요정들의 친절한 충고와 꼬마 요괴들의 밉살스럽지만 유용한 조언으로 어려운 발전 문항의 해결을 돕는 문제 해결 도우미 박스

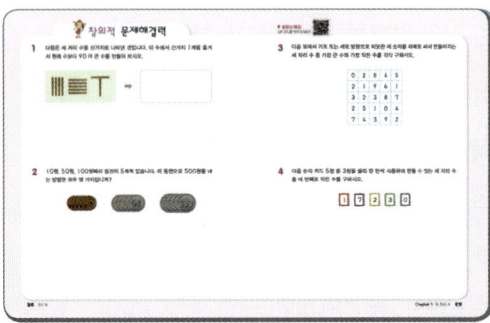

발전 : 창의적 문제해결력

3개의 사고력 수학 주제를 갈무리하는, 한 차원 높은 창의력과 복합적인 사고력을 요구하는 발전 문항의 끝판왕

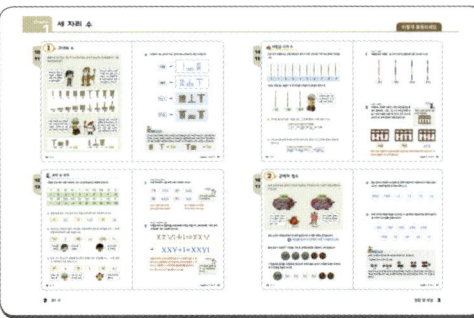

마무리 : 정답 및 해설

본문에 그대로 첨삭된 정답과 간략한 풀이 과정을 통한 사고력 수학 활동 피드백으로 마무리

노크
캐릭터 소개

지식을 되찾기 위해 노크랜드로 떠난 모험가 친구들

일단 저지르고 보는 거야!

난 궁금한 건 절대 못 참아.

침착하게 위기를 벗어나야 해.

생각으로 아주 멀리까지 날아가.

태경
활동파 리더

지오
호기심 공주

초이
조용한 전략가

아인
꼬마 천재

마법사 멀린과 수학 요정

마법사 멀린

노크랜드의 지식의 수호자. 지식을 파괴하려는 대마왕의 음모에 맞서 모험을 떠난 친구들의 든든한 조력자.

아르키메데스

페르마

플라톤

파스칼

피타고라스

가우스

유클리드

오일러

대마왕과 꼬마 요괴

대마왕

노크랜드의 지식의 파괴자. 세계를 차지하기 위해 모든 지식을 없애버리려고 하는 요괴들의 두목.

딴소리

한입

장난

딴짓

멍하니

잠만자

울보

거꾸로

이 책의 차례

Chapter 1

세 자리 수

1 고대의 수

태경이와 아인이는 지금 우리가 쓰고 있는 숫자가 인도에서 유래되었다는 것을
알게 되었습니다.

마법사님. 옛날 우
리나라 사람들은
수를 어떤 방법으
로 나타내었죠?

산가지라 불리는 나뭇
가지를 써서 수를 나타
내었지. 자! 아래를 보
렴. 어떤 방법으로 수를
나타내었는지 알겠니?

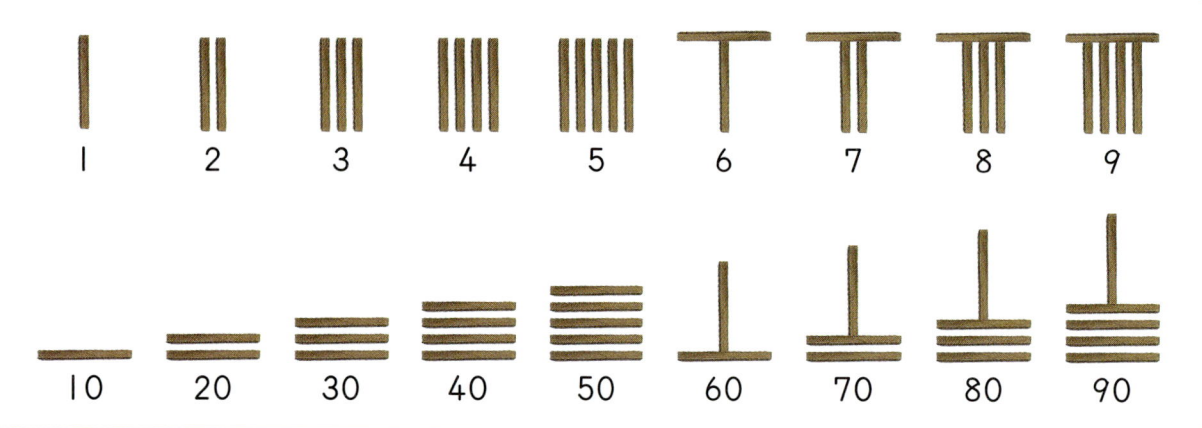

가로, 세로로 놓는 방향에
따라 나타내는 수가 달라
지네요. 그러면 세 자리
수는 어떻게 나타내지요?

자릿수에 따라 산가지의
방향을 엇갈리게 놓지. 일
의 자리는 세로, 십의 자
리는 가로, 백의 자리는
세로 방향으로 놓으면 돼.

아라비아 수는 산가지 수로, 산가지 수는 아라비아 수로 나타내시오.

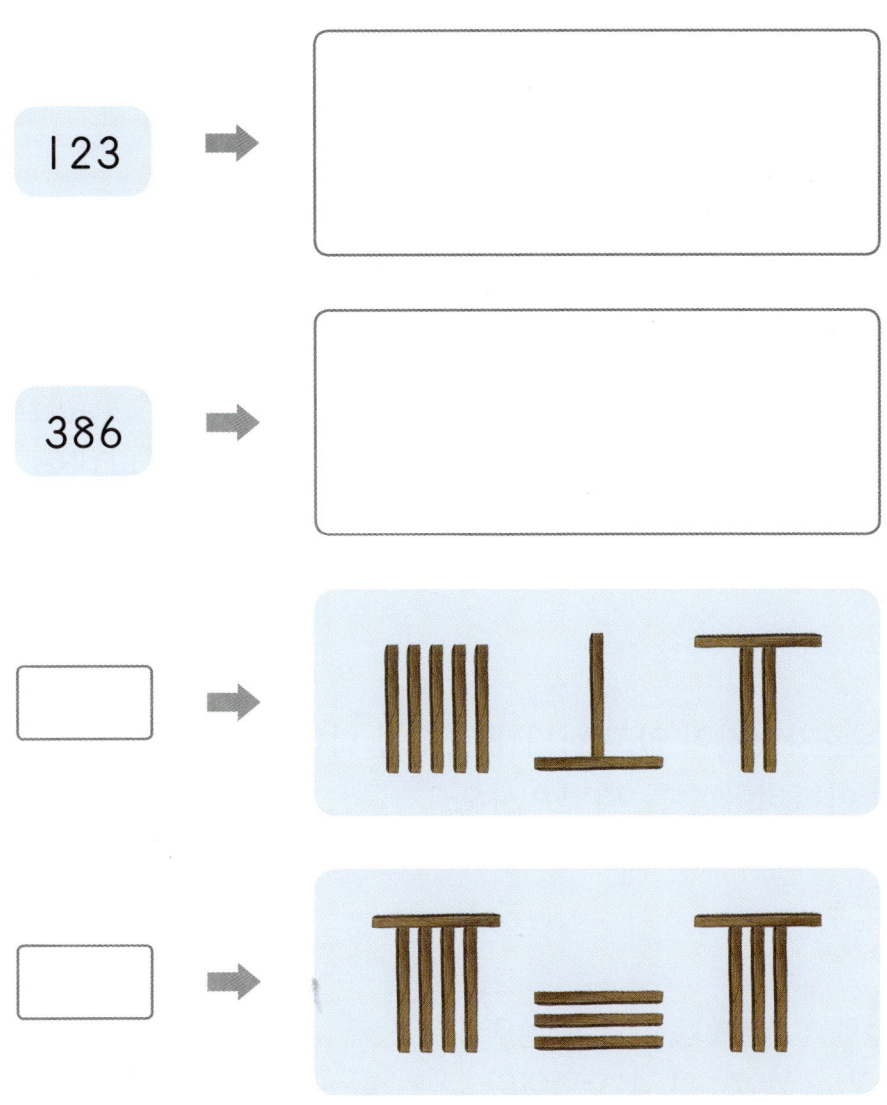

123 ➡

386 ➡

▢ ➡

▢ ➡

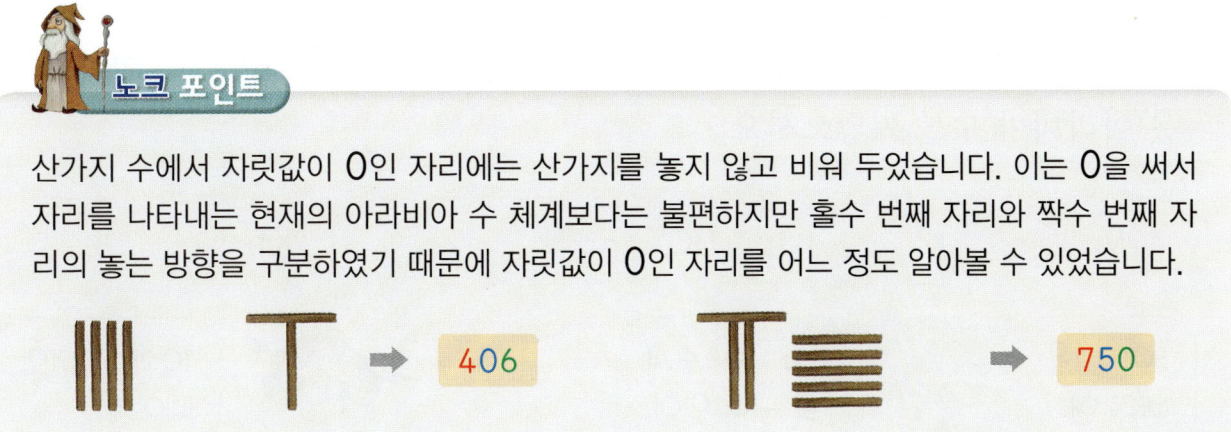

노크 포인트

산가지 수에서 자릿값이 0인 자리에는 산가지를 놓지 않고 비워 두었습니다. 이는 0을 써서 자리를 나타내는 현재의 아라비아 수 체계보다는 불편하지만 홀수 번째 자리와 짝수 번째 자리의 놓는 방향을 구분하였기 때문에 자릿값이 0인 자리를 어느 정도 알아볼 수 있었습니다.

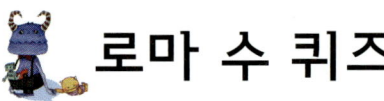

로마 수 퀴즈

다음은 고대 로마 수를 아라비아 수로 나타낸 표입니다. 물음에 답하시오.

I	II	III	IV	V	VI	VII	VIII	IX	X
1	2	3	4	5	6	7	8	9	10
XI	XII	XIII	XIV	XV	XX	XL	L	XC	C
11	12	13	14	15	20	40	50	90	100

1 위의 표를 보고 다음 고대 로마 수를 아라비아 수로 나타내어 보시오.

L — ☐   C — ☐   X — ☐

2 로마 수는 자릿값이 없고 나타내는 수를 더해서 수를 표시하였습니다. ☐ 안에 알맞게 아라비아 수를 써넣으시오.

VII — ☐   XIII — ☐   LXXI — ☐

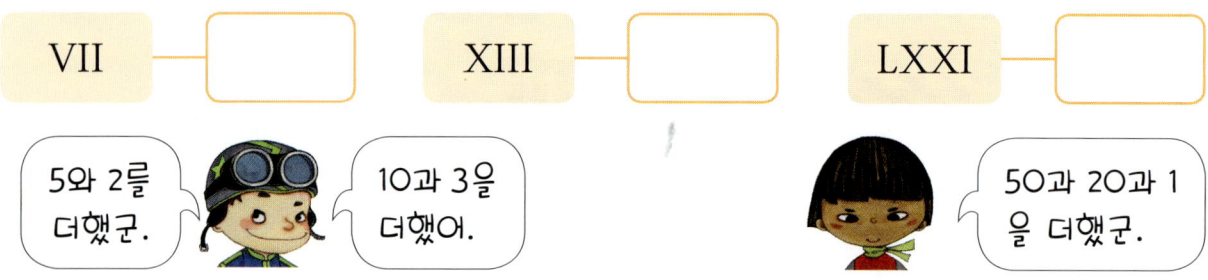

5와 2를 더했군.

10과 3을 더했어.

50과 20과 1을 더했군.

3 로마 수는 작은 수가 왼쪽에 있으면 큰 수에서 작은 수를 뺍니다. ☐ 안에 알맞은 아라비아 수를 써넣으시오.

IV — ☐   IX — ☐   XL — ☐

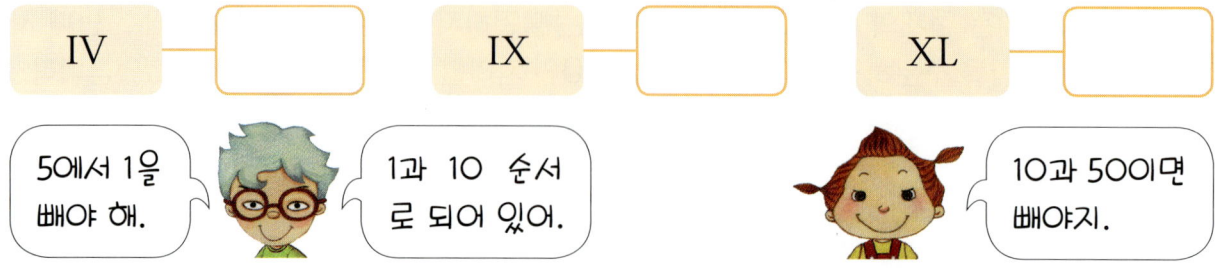

5에서 1을 빼야 해.

1과 10 순서로 되어 있어.

10과 50이면 빼야지.

1 다음 아라비아 수를 로마 수로 나타내어 보시오.

| 16 | ☐ | 21 | ☐ |
| 24 | ☐ | 91 | ☐ |

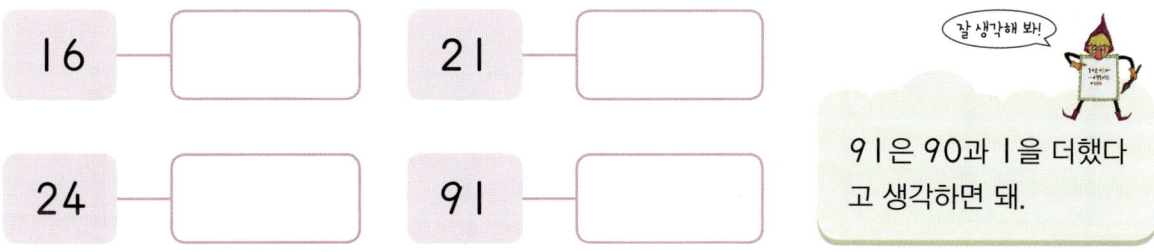

잘 생각해 봐!

91은 90과 1을 더했다
고 생각하면 돼.

[로마 수 성냥개비 퍼즐]

2 다음은 로마 수 덧셈식을 성냥개비로 나타낸 것입니다. 성냥개비를 1개만 옮겨
서 올바른 식이 되도록 만드시오.

$$X X V I + I = X X V$$

➡️

잘 생각해 봐!

＝의 왼쪽을 계산한 값
이 ＝의 오른쪽보다 2
큰 수야.

자릿값 고대 수

고대 잉카 문명에서는 끈을 매듭으로 묶어서 수를 나타내는 '키푸'라는 방법이 있었습니다.

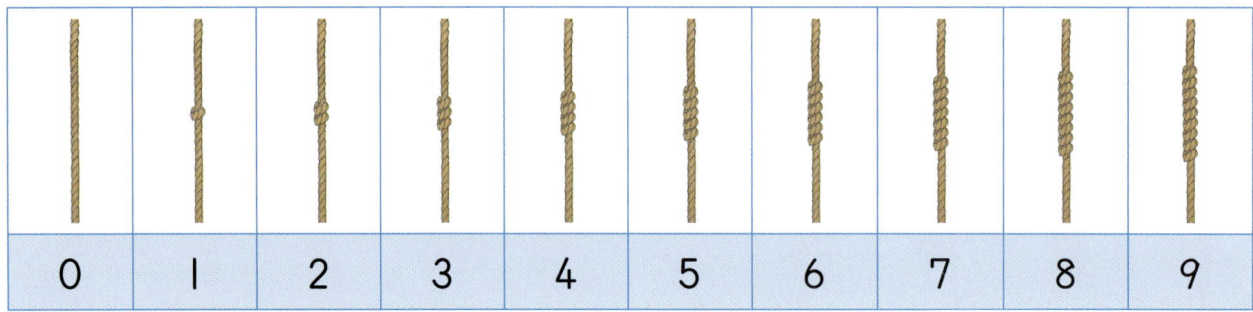

키푸는 위에 있는 매듭이 더 큰 자리를 나타냅니다. 물음에 답하시오.

45   136   207

207에서 십의 자리가 0이니까 그 자리를 비워 두었어.

❶ 키푸를 옆으로 눕힌 그림을 보고 ☐ 안에 알맞은 수를 써넣으시오.

$$\boxed{100} + \boxed{} + \boxed{} = 136$$

❷ 키푸로 나타낸 세 자리 수가 아라비아 수로 얼마인지 ☐ 안에 알맞은 수를 써넣으시오.

$$\boxed{} + \boxed{} + \boxed{3} = \boxed{}$$

1 [한자 수 체계]
매듭을 묶는 부분을 ✕표 하여 '키푸'의 방법대로 수를 나타내어 보시오.

| 251 | 150 | 403 | 242 |

2 [주판 수 해독]
주판에서 아래쪽 구슬이 1개씩 위로 올라갈 때마다 왼쪽부터 100, 10, 1이 커지고 위쪽 구슬 1개가 아래로 내려가면 500, 50, 5가 커집니다. 빈 곳에 알맞은 수를 써넣으시오.

이것도 몰라!

주판이 다음과 같을 때는 모든 자리가 '0'을 뜻해.

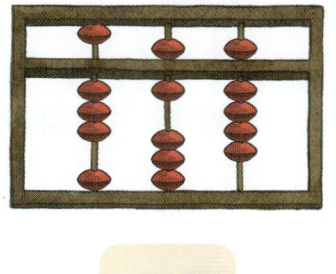

369

705

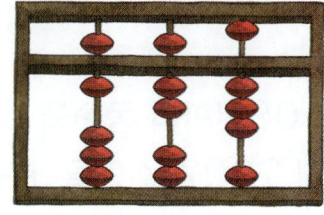

2 금액과 점수

한입 요괴와 울보 요괴가 각자의 저금통을 가져와서 서로 더 많이 저금을 했다고 우깁니다.

울보 요괴의 저금통 금액이 더 큰데 동전의 개수가 적은 이유는 무엇입니까?

울보 요괴가 저금한 720원을 가장 큰 금액의 동전을 사용해서 나타내었습니다.

100원짜리 동전을 50원짜리 동전으로 바꾸어 울보 요괴가 저금한 동전의 수에 맞게 720원을 만들어 보시오.

한입 요괴가 저금한 640원을 큰 금액의 동전부터 사용하여 640원을 만들어 보시오. 사용한 동전은 몇 개입니까?

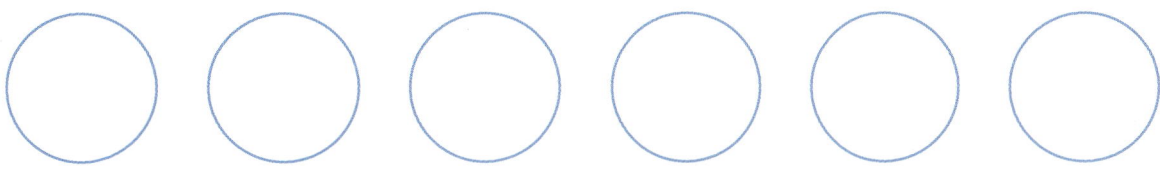

한입 요괴가 저금한 동전은 10개입니다. 큰 금액의 동전을 작은 금액의 동전으로 바꾸어 640원을 만들어 보시오.

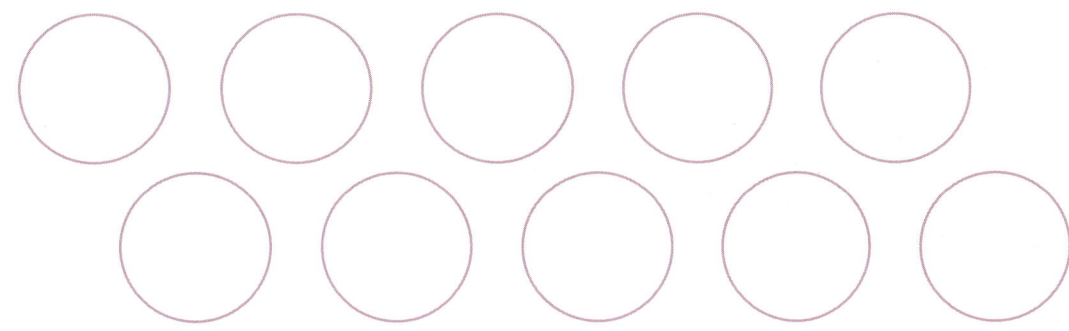

노크 포인트

금액이 큰 동전이 많아질수록 사용하는 동전의 수는 줄어듭니다.

150원을 만드는 여러 가지 방법

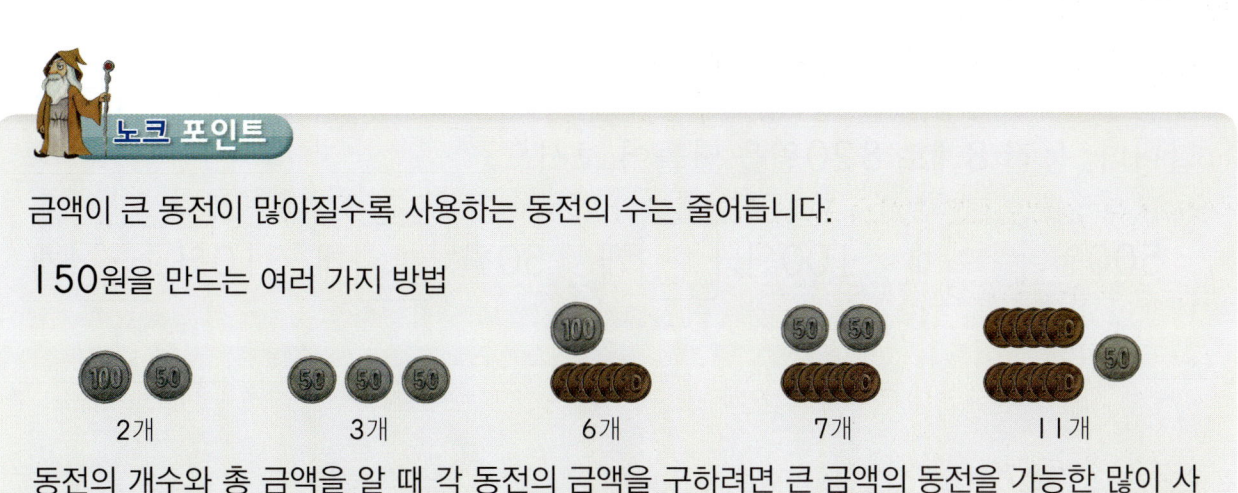

동전의 개수와 총 금액을 알 때 각 동전의 금액을 구하려면 큰 금액의 동전을 가능한 많이 사용하여 총 금액을 만든 다음, 큰 금액의 동전을 작은 금액의 동전으로 바꾸어 가며 개수를 맞춥니다.

잃어버린 동전

아인이가 가진 동전 8개의 금액은 모두 820원입니다. 아인이가 동전 4개를 잃어버렸는데 다행히도 가장 적은 금액을 잃어버렸다고 합니다. 잃어버린 돈은 얼마인지 알아봅시다.

동전 4개를 잃어버렸어. 하지만 괜찮아. 잃어버린 동전의 금액이 적어.

아인아, 다행이다. 그런데 네가 잃어버린 돈은 얼마나 되니?

❶ 가장 적은 개수의 동전을 사용하여 820원을 만들어 보시오.

잘 생각해 봐!

우리가 쓰고 있는 동전은 (500) (100) (50) (10) 네 가지 종류가 있어.

500원: ☐ 개   100원: ☐ 개

50원: ☐ 개   10원: ☐ 개

❷ 동전 8개로 820원을 만들려면 ❶에서 찾은 방법보다 동전이 2개 더 많아야 합니다. 동전 8개로 820원을 만들어 보시오.

500원: ☐ 개   100원: ☐ 개   50원: ☐ 개   10원: ☐ 개

❸ 원래 아인이가 가진 동전 중 동전 4개로 만들 수 있는 가장 적은 금액이 아인이가 잃어버린 돈입니다. 아인이가 잃어버린 돈은 얼마입니까?

1 Ⅰ00원짜리, 50원짜리, Ⅰ0원짜리 동전 여러 개로 500원을 만드는 방법 중 동전 수가 가장 많을 때와 가장 적을 때의 개수의 차를 구하시오.

큰 금액의 동전으로 만들면 동전 수가 적고 작은 금액의 동전으로 만들면 동전 수가 많지.

[우표 붙이기]

2 Ⅰ00원짜리, 50원짜리, Ⅰ0원짜리 우표 9장으로 440원어치 우표를 붙였습니다. 가장 많이 붙인 우표는 얼마짜리 우표입니까?

먼저 가장 적은 수의 우표로 440원을 만드는 경우를 생각해 봐.

내 점수는 몇 점?

다음과 같은 과녁에 다트 10개를 던졌더니 390점이 되었습니다. 50점짜리 과녁에 명중한 다트는 몇 개인지 알아봅시다. (단, 과녁에 맞지 않거나 선을 맞힌 다트는 없습니다.)

❶ 가장 적은 수의 다트로 390점을 만들 수 있도록 ☐ 안에 알맞은 수를 써넣으시오.

100점: ☐ 개   50점: ☐ 개   10점: ☐ 개

❷ 과녁에 명중한 다트가 10개가 되려면 ❶의 방법에서 다트가 몇 개 더 필요합니까?

❸ 다트 10개로 390점이 되려면 50점짜리 과녁에 명중한 다트는 몇 개가 되어야 합니까?

1 50점, I0점짜리 문제가 있는 수학 시험에서 초이가 맞힌 문제 중 I0점짜리 문제는 몇 개입니까?

초이야. 이번 수학 시험은 잘 봤어?

문제 7개를 맞혀서 150점을 받았어.

이것도 몰라!

나라면 50점짜리 3개만 맞혀서 150점을 받겠어.

아인

초이

[동전 던지기]

2 I00원짜리 동전을 던져 숫자 면이 나오면 I00점, 그림 면이 나오면 50점을 얻습니다. 동전 5개를 던져서 350점을 얻었을 때, 그림 면이 나온 동전은 모두 몇 개입니까?

I00점   50점

세 자리 수 만들기

대마왕은 자신의 부하 중 2인자를 정하기 위해 평소에 가장 아끼던 세 요괴를 불렀습니다. 대마왕은 숫자 7이 적힌 세 가지 색 카드를 나란히 놓은 다음 세 요괴에게 물었습니다.

> 셋 중 가장 강한 카드를 고른 녀석을 2인자로 정하겠다.

그러자 세 부하는 다음과 같이 각각 서로 다른 카드를 골랐습니다.

> 뜨겁고 강렬한 빨간색 카드야말로 가장 강한 카드에요!

> 물은 불보다 강하니까 파란색 카드가 더 강해요.

> 맨 왼쪽 카드는 7이 아닌 700이니까 가장 강하지요.

장난 요괴

딴짓 요괴

딴소리 요괴

대마왕은 기뻐하며 딴소리 요괴를 2인자로 정했습니다.

다음 세 자리 수 중 빨간색 숫자가 가장 큰 수를 나타내는 것을 찾아 쓰시오.

| 135 | 711 | 408 | 297 | 550 |

 주어진 숫자 카드를 한 번씩 모두 사용하여 각 조건에 맞는 세 자리 수를 모두 만들어 보시오.

● 숫자 3이 3을 나타내는 수 : | 163 | , | 613 |

● 숫자 3이 30을 나타내는 수 : | | , | |

● 숫자 3이 300을 나타내는 수: | | , | |

● 숫자 2가 200을 나타내는 수: | | , | |

● 숫자 7이 7을 나타내는 수 : | | , | |

● 숫자 5가 50을 나타내는 수 : | | , | |

 **노크 포인트**

숫자 카드 3장을 한 번씩 모두 사용하여 세 자리 수를 만들 때, 백의 자리 숫자, 십의 자리 숫자, 일의 자리 숫자 순으로 카드를 한 장씩 정합니다. 한 번 사용한 카드는 다시 쓸 수 없고, 백의 자리에는 0이 올 수 없습니다.

가장 큰 수, 가장 작은 수

다음 숫자 카드 5장 중 3장을 골라 한 번씩 사용하여 만들 수 있는 세 자리 수 중 가장 큰 수와 가장 작은 수를 알아봅시다.

❶ 가장 큰 수를 만들려면 백의 자리에 가장 큰 숫자, 십의 자리에 두 번째로 큰 숫자, 일의 자리에 세 번째로 큰 숫자가 와야 합니다. 만들 수 있는 가장 큰 수를 쓰시오.

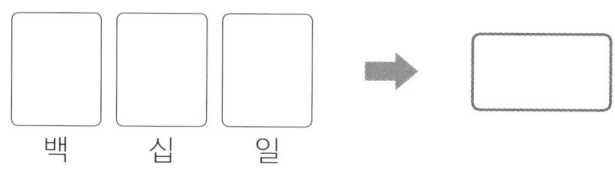

❷ 가장 작은 수를 만들려면 백의 자리에 0을 뺀 나머지 숫자 중 가장 작은 숫자가 들어가야 합니다. 가장 작은 수의 백의 자리 숫자는 얼마입니까?

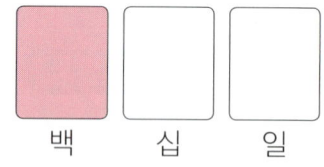

❸ 가장 작은 수를 만들려면 십의 자리에 0이, 일의 자리에 남은 숫자 중 가장 작은 숫자가 들어가야 합니다. 만들 수 있는 가장 작은 수를 구하시오.

1 주머니 속에 다음과 같은 공 4개가 들어 있습니다. 공 3개를 뽑아 한 번씩 사용하여 만들 수 있는 세 자리 수 중 가장 큰 수와 가장 작은 수의 합을 구하시오.

[주사위 수 만들기]

2 1, 2, 3, 1, 2, 3이 적힌 주사위, 1, 2, 3, 4, 5, 6이 적힌 주사위, 4, 5, 6, 7, 8, 9가 적힌 주사위가 각각 1개씩 있습니다. 이 세 주사위를 굴려서 나온 수로 만들 수 있는 세 자리 수 중 가장 큰 수와 가장 작은 수를 각각 구하시오.

가장 큰 수를 만들려면 백의 자리에 4, 5, 6, 7, 8, 9가 적힌 주사위에서 가장 큰 수를 써야 해.

숫자 카드로 만든 수

다음 숫자 카드 3장을 한 번씩 모두 사용하여 만들 수 있는 세 자리 수는 모두 몇 개인지 구해 봅시다.

❶ 백의 자리 숫자가 2일 때 만들 수 있는 세 자리 수를 모두 쓰시오.

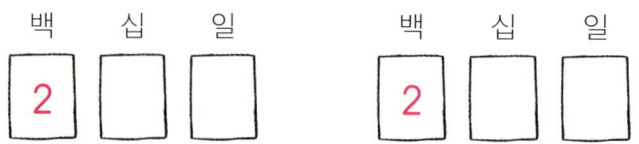

❷ 백의 자리 숫자가 2인 세 자리 수는 몇 개 만들 수 있습니까?

❸ 백의 자리 숫자가 4, 6인 세 자리 수는 각각 몇 개씩 만들 수 있습니까?

❹ 만들 수 있는 세 자리 수는 모두 몇 개입니까?

1 다음 숫자 카드 4장 중 3장을 골라 한 번씩 사용하여 만들 수 있는 세 자리 수 중 두 번째로 큰 수와 두 번째로 작은 수를 각각 구하시오.

가장 큰 수를 만들면 853. 두 번째로 큰 수는?

가장 작은 수를 만들면 235. 두 번째로 작은 수는?

[수 만들기 과녁]

2 다음과 같은 과녁에 다트 3개를 던져서 맞힌 숫자로 세 자리 수를 만들려고 합니다. 만들 수 있는 수는 모두 몇 개입니까? (단, 과녁에 맞지 않거나 선을 맞힌 다트는 없습니다.)

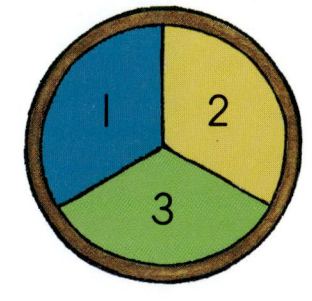

잘 생각해 봐!

먼저 백의 자리 숫자가 1일 때 만들 수 있는 수를 모두 찾아봐. 111, 112, 113, 121, 122, 123······

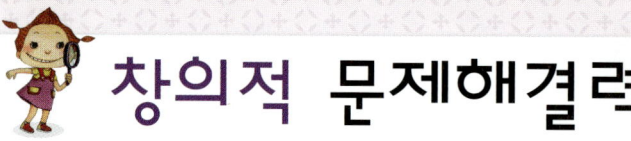
1 다음은 세 자리 수를 산가지로 나타낸 것입니다. 이 수에서 산가지 1개를 옮겨서 원래 수보다 90 더 큰 수를 만들어 보시오.

2 10원, 50원, 100원짜리 동전이 5개씩 있습니다. 이 동전으로 500원을 내는 방법은 모두 몇 가지입니까?

3 다음 표에서 가로 또는 세로 방향으로 이웃한 세 숫자를 차례로 써서 만들어지는 세 자리 수 중 가장 큰 수와 가장 작은 수를 각각 구하시오.

0	2	8	4	5
2	1	9	6	1
3	2	3	8	7
2	5	1	0	4
7	4	3	9	2

4 다음 숫자 카드 5장 중 3장을 골라 한 번씩 사용하여 만들 수 있는 세 자리 수 중 네 번째로 작은 수를 구하시오.

2

수 배열 규칙

천판 수 배열표

지오와 태경이가 사는 아파트는 10층짜리 건물이고, 각 층마다 10호의 집이 있습니다. 지오네 집은 아파트 3층 맨 왼쪽 집인 301호이고, 태경이네 집은 아파트 8층 맨 오른쪽 집인 810호입니다.

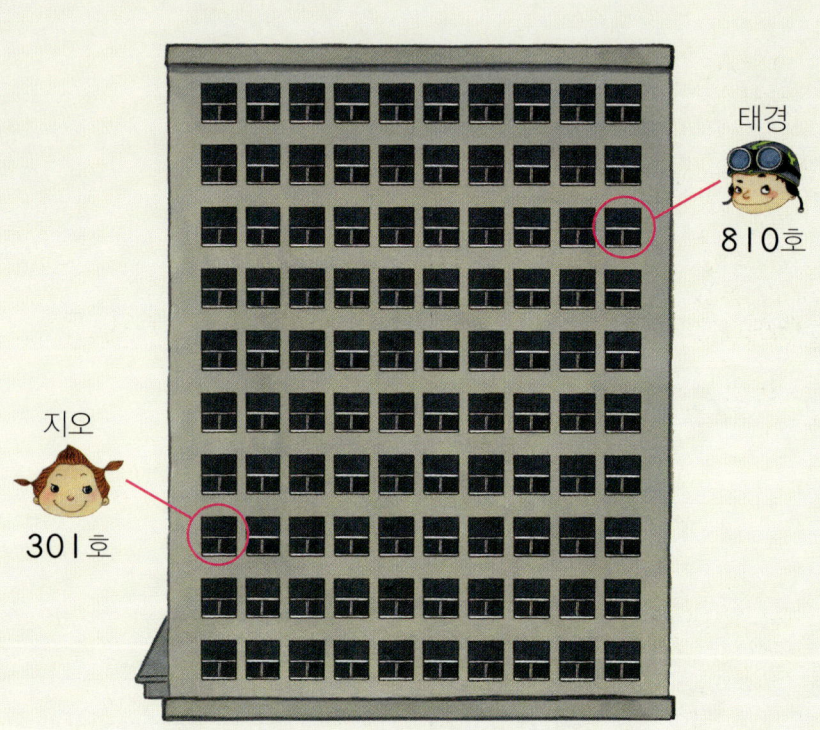

아파트 호수는 한 층 위로 갈 때마다 100씩 커지고, 한 칸 오른쪽으로 갈 때마다 1씩 커집니다. 다음을 읽고 ◻ 안에 알맞은 수를 써넣으시오.

아인이네 집은 지오네 집에서 2층 위에 있고, 오른쪽으로 5칸 옆에 있습니다.

아인이네 집은 ◻ 호입니다.

초이네 집은 602호입니다.

초이네 집은 태경이네 집에서 ◻ 층 아래에 있고, 왼쪽으로 ◻ 칸 옆에 있습니다.

다음은 천판 수 배열표입니다. 빈칸에 알맞은 수를 써넣으시오.

10	20	30	40		60		80	90	100
110	120	130			160			190	200
210	220		240		260		280		300
310		330	340		360				
					460	470	480	490	500
510	520	530	540						
610	620	630		650		670	680		700
710	720		740	750		770		790	800
810		830	840	850			880	890	900
	920	930	940	950		970	980	990	1000

노크 포인트

천판 수 배열표에서 여러 가지 규칙을 찾을 수 있습니다.

① 오른쪽으로 한 칸씩 갈 때마다 10씩 커지고, 왼쪽으로 한 칸씩 갈 때마다 10씩 작아집니다.

② 아래로 한 칸씩 갈 때마다 100씩 커지고, 위로 한 칸씩 갈 때마다 100씩 작아집니다.

③ 오른쪽 아래로 비스듬히(＼) 한 칸씩 가면 110씩 커집니다.

④ 왼쪽 아래로 비스듬히(／) 한 칸씩 가면 90씩 커집니다.

⑤ 같은 세로줄에는 십의 자리 숫자가 같은 수들이 있습니다.

배열표 퍼즐

다음은 10에서 1000까지 10씩 커지는 수를 한 줄에 10개씩 넣어 만든 천판 수 배열표의 일부분입니다. 수 배열표에서 가장 큰 수가 860일 때, 수 배열표를 완성해 봅시다.

❶ 천판 수 배열표에서 가장 큰 수가 들어가는 칸을 색칠해 보시오.

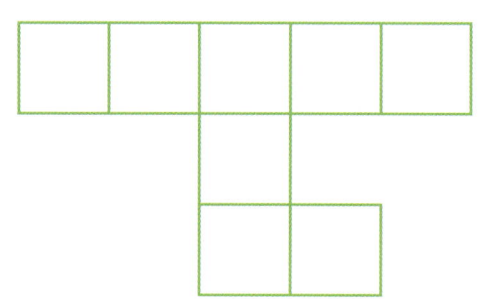

❷ 수 배열표의 규칙에 맞게 빈칸에 알맞은 수를 써넣으시오.

[수 배열표 완성]

1 다음은 천판 수 배열표의 일부분입니다. 빈칸에 알맞은 수를 써넣으시오.

			190
	260		
340			

520			
	630		
		740	

[수 배열표 퀴즈]

2 다음은 아래쪽으로 한 칸씩 갈 때마다 100씩 커지고, 오른쪽으로 한 칸씩 갈 때마다 10씩 커지는 천판 수 배열표의 일부분입니다. 수 배열표에서 두 번째로 작은 수가 450일 때, 가장 큰 수를 구하시오.

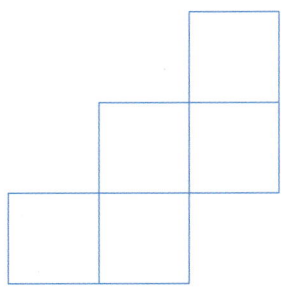

잘 생각해 봐!

맨 위에 있는 칸에는 가장 작은 수가 들어가지. 그렇다면 두 번째로 작은 수는 어디에?

수 배열 약속

다음 화살표 규칙을 보고 빈 곳에 알맞은 수를 써넣으시오.

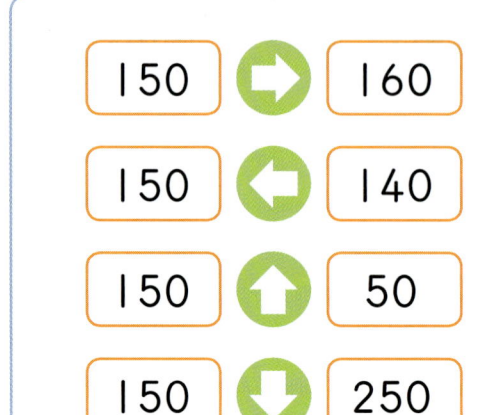

천판 수 배열표와 규칙이 같군.

❶ 각 화살표의 규칙을 찾아 ⬜ 안에 알맞게 써넣으시오.

➡ : 10 큰 수   ⬅ :

⬇ :   ⬆ :

❷ 규칙에 맞게 빈칸에 알맞은 수를 써넣으시오.

1 다음 화살표 규칙을 보고 빈 곳에 알맞은 화살표를 그려 넣으시오.

360 ⬜ ⬜ 250

2 수 배열표에서 규칙을 찾아 빈칸에 알맞은 수를 써넣으시오.

220	230	240	250	260	270
320	330	340	350	360	370
420	430	440	450	460	470
520	530	540	550	560	570
620	630	640	650	660	670
720	730	740	750	760	770

이것도 몰라!

수 배열표에서 두 수를 찾아 표시하고 이어 보면 뭔가 알 수 있을 거야.

| 530 | ∞ | 350 | | 650 | ∞ | 560 |

| 740 | ∞ | 470 | | 630 | ∞ | ⬜ |

5 뛰어 세기

아인, 지오, 초이는 세 저금통 중 하나를 고른 후, 매일 정해진 규칙에 맞게 저금해서 1000원을 먼저 모으는 사람이 이기는 내기를 하였습니다.

하루에 10원씩 저금해. 아인

하루에 50원씩 저금해. 지오

하루에 100원씩 저금해. 초이

누가 내기에서 이길까요?

저금통에 매일 저금하는 금액만큼 뛰어 센 수를 써넣고, 천 원을 모으는 데 각각 며칠이 걸릴지 구하시오.

아인: 900 — 910 — 920 — 930 — ☐ — ☐   ☐ 일

지오: 500 — 550 — 600 — ☐ — ☐ — ☐   ☐ 일

초이: 100 — 200 — ☐ — ☐ — ☐ — ☐   ☐ 일

이기는 사람은 누구입니까?

뛰어 센 규칙을 찾아 빈 곳에 알맞은 수를 써넣으시오.

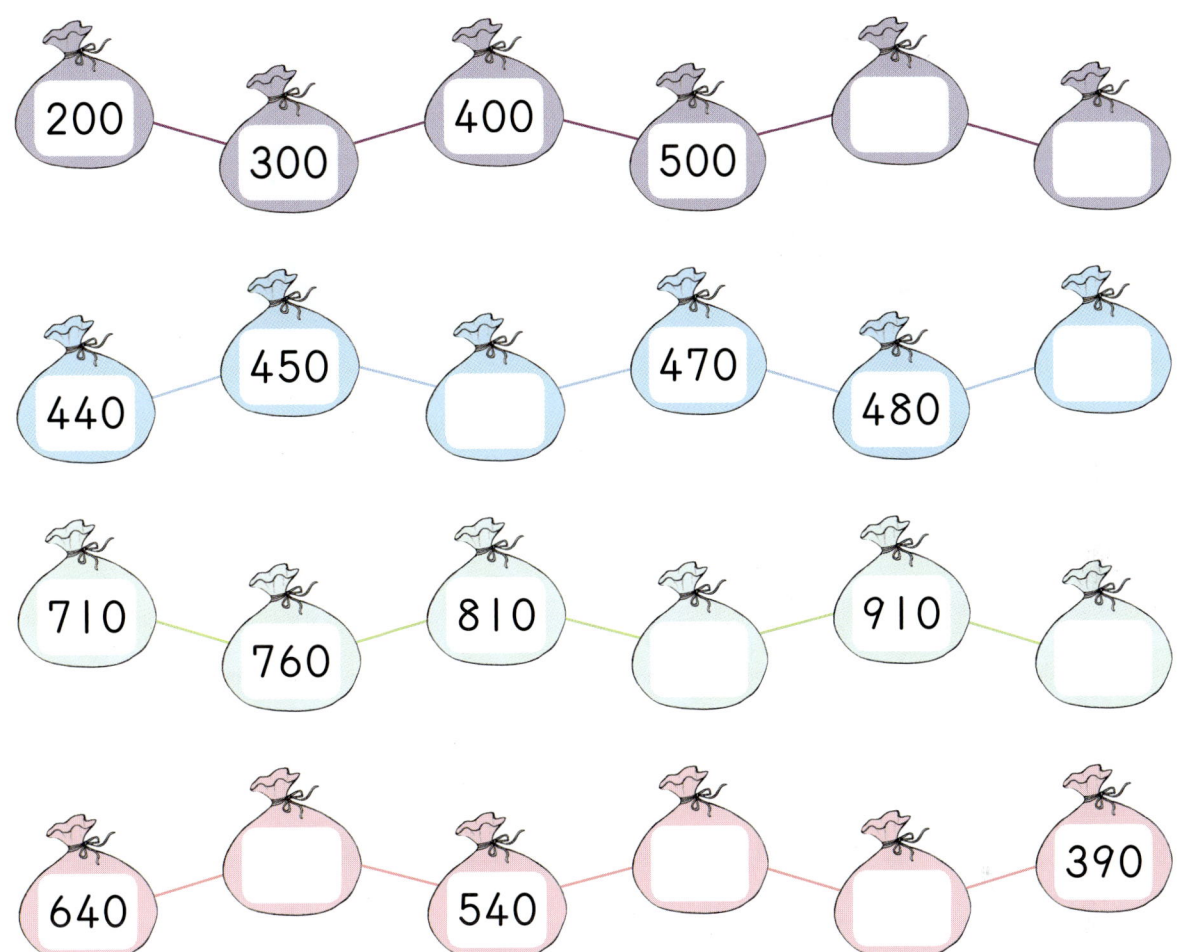

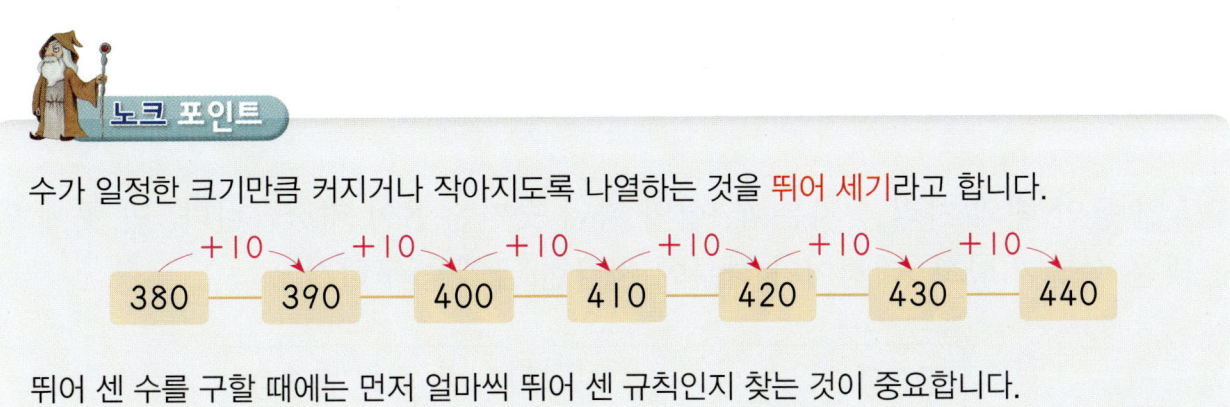

노크 포인트

수가 일정한 크기만큼 커지거나 작아지도록 나열하는 것을 뛰어 세기라고 합니다.

$$380 \xrightarrow{+10} 390 \xrightarrow{+10} 400 \xrightarrow{+10} 410 \xrightarrow{+10} 420 \xrightarrow{+10} 430 \xrightarrow{+10} 440$$

뛰어 센 수를 구할 때에는 먼저 얼마씩 뛰어 센 규칙인지 찾는 것이 중요합니다.

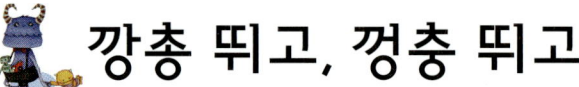 깡총 뛰고, 껑충 뛰고

태경이의 저금통에는 300원이 들어 있었습니다. 태경이가 하루에 얼마씩 같은 금액을 4일 동안 저금하였더니 저금통에 있는 금액이 모두 780원이 되었습니다. 태경이가 하루에 저금한 금액을 알아봅시다.

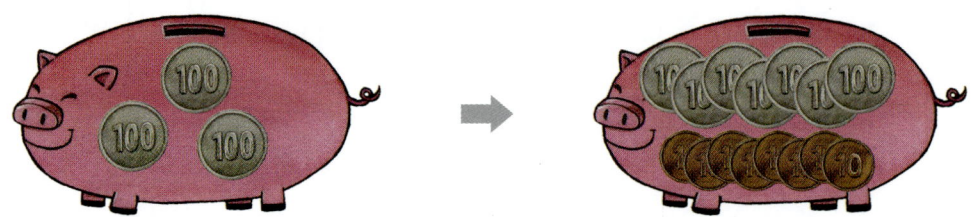

❶ 300에서 100씩 뛰어 세어 보시오. 100씩 뛰어 세면 백의 자리 숫자는 얼마씩 커집니까?

| 300 | 400 | | | |

❷ 710에서 10씩 뛰어 세어 보시오. 10씩 뛰어 세면 십의 자리 숫자는 얼마씩 커집니까?

| 710 | 720 | | | | | | |

❸ 십의 자리 숫자가 2씩 커지려면 얼마씩 뛰어 세어야 합니까?

❹ 4일 동안 백의 자리 숫자는 4, 십의 자리 숫자는 8이 커졌습니다. 빈 곳에 알맞은 수를 써넣고, 태경이가 하루에 저금한 금액을 구하시오.

| 300 | | | | 780 |

[뛰어 세기 과정 완성]

1 다음은 일정한 수만큼 뛰어 센 것입니다. 빈 곳에 알맞은 수를 써넣으시오.

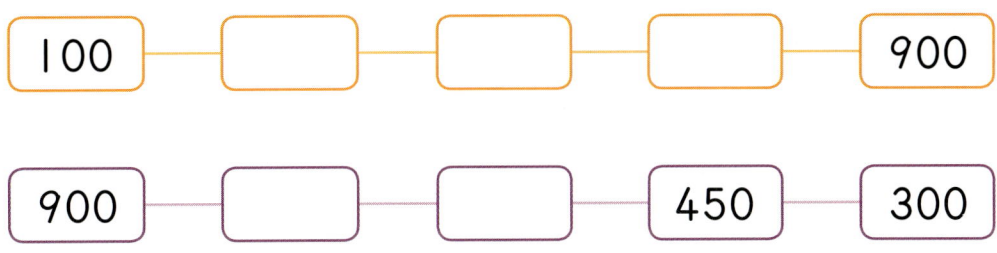

[수 배열표 뛰어 세기]

2 천판 수 배열표에서 화살표 방향과 같은 규칙으로 뛰어 세었습니다. 빈 곳에 알맞은 수를 써넣으시오.

잘 생각해 봐!

②번 화살표는 1칸 갈 때마다 110씩 커지는 규칙이야.

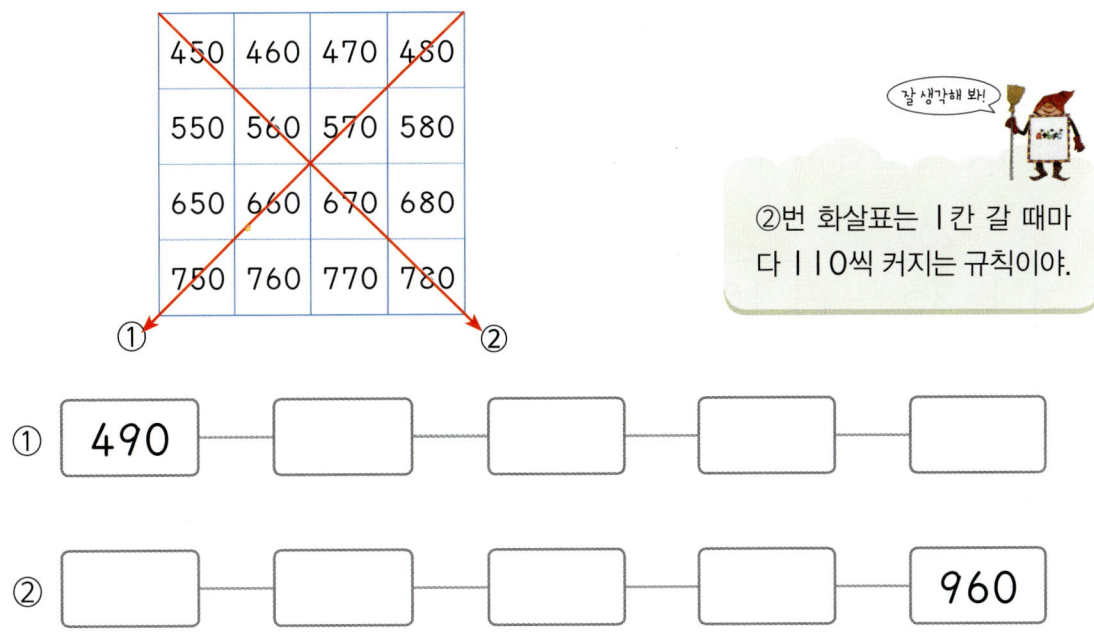

뛰어 세기 배열표

수를 다음과 같이 배열하였습니다. 직선 가의 맨 안쪽부터 6번째 동그라미에 있는 수를 구해 봅시다.

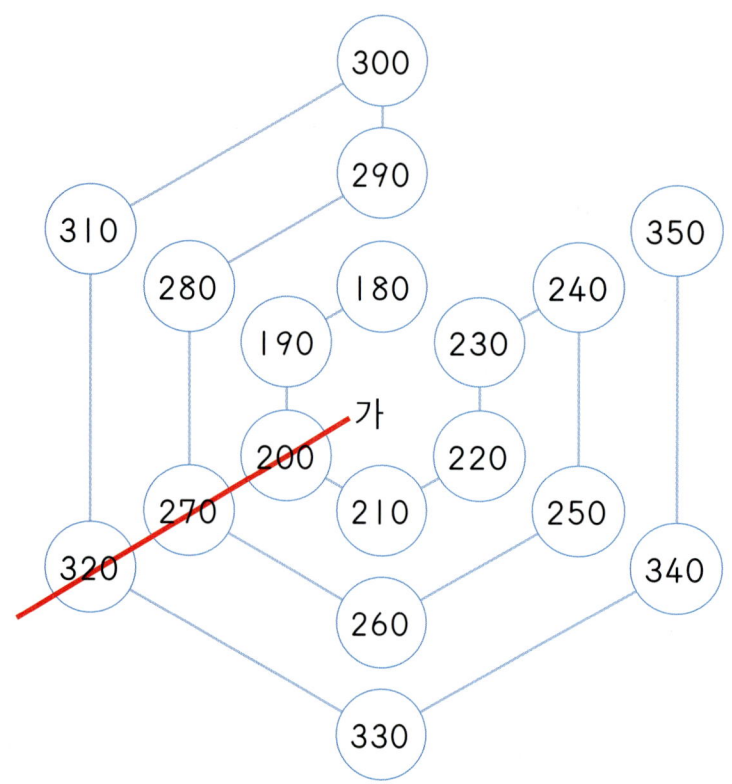

❶ 180을 1번, 10씩 뛰어 센 수를 2번, 3번, 4번······이라고 할 때, 직선 **가** 위에 있는 수들은 각각 몇 번인지 써넣으시오.

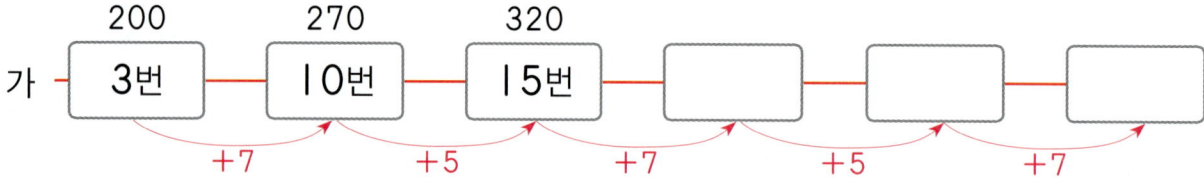

❷ ❶에서 구한 규칙에 맞게 6번째 동그라미에 들어갈 수를 구하시오.

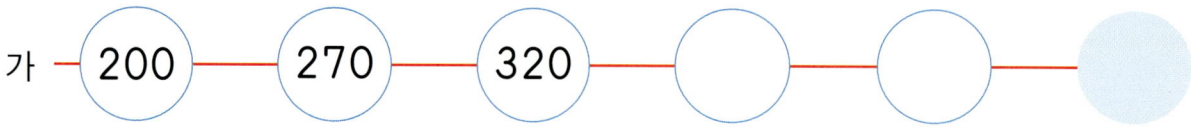

1 다음은 규칙에 따라 수를 배열한 것입니다. 색칠한 칸에 알맞은 수를 구하시오.

100	120	140	160	180	200
480	500	520	540		220
460					240
440					260
420					280
400	380	360	340	320	300

이것도 몰라!

20씩 커지는 수를 차례로 이어 봐!

[지그재그 배열]

2 다음과 같은 규칙으로 수를 배열하였을 때, 660은 몇 번 세로줄에 있는지 구하시오.

①	②	③	④	⑤	⑥	⑦
10	20	30	40	50	60	70
140	130	120	110	100	90	80
150	160	170	180	190	200	210
280	270	260	250	240	230	220

이것도 몰라!

①의 자리에 다시 돌아오는 수의 규칙을 찾을 수 있을까?

6 수의 크기 비교

수 배열표에서 같은 가로줄에 있는 수 중 오른쪽에 있는 수가 더 큰 수이고, 같은 세로줄에 있는 수 중 아래쪽에 있는 수가 더 큰 수입니다.

10	20	30	40	50	60	70	80	90	100
110 < 120 < 130			140	150	160	170	180	190	200
210	220	230	240	250	260 < 270 < 280			290	300
310	320	330	340	350	360	370	380	390	400
410	420	430	440	450	460	470	480	490	500

다음은 수 배열표의 일부분입니다. 가장 큰 수부터 순서대로 기호를 써넣으시오.

크기에 맞는 수를 모두 찾아 ◯표 하시오.

100 < | 83　(209)　(193)　408　306 | < 300

350 < | 488　351　555　58　400 | < 550

525 < | 680　789　666　530　700 | < 675

222 < | 200　333　555　400　300 | < 444

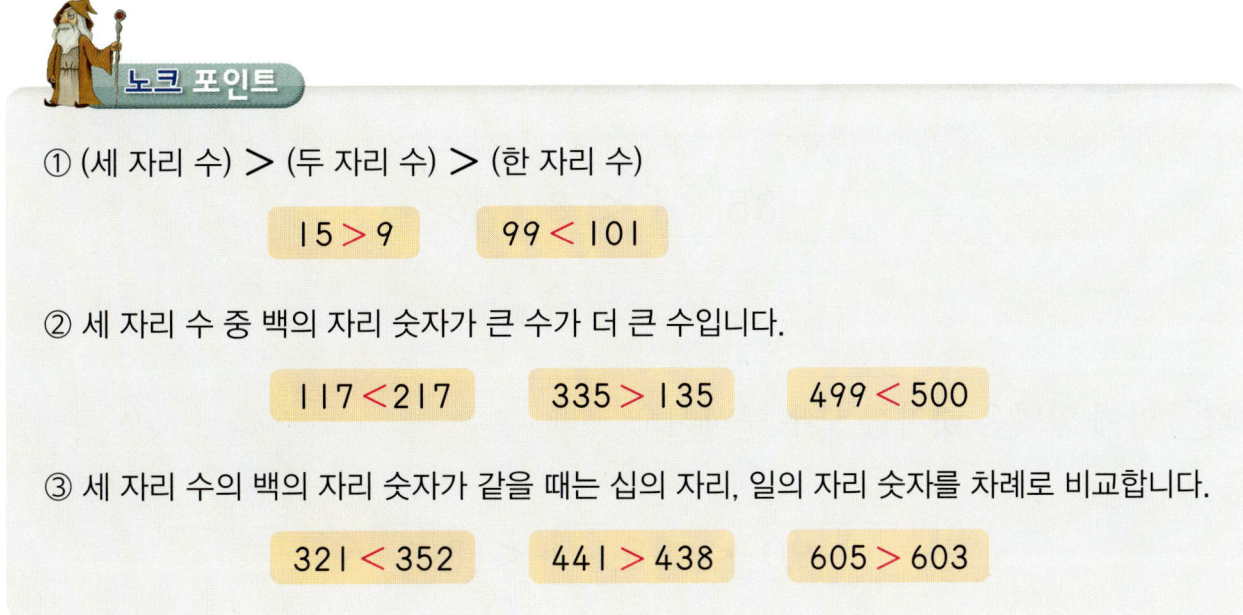

노크 포인트

① (세 자리 수) > (두 자리 수) > (한 자리 수)

　　　15 > 9　　　99 < 101

② 세 자리 수 중 백의 자리 숫자가 큰 수가 더 큰 수입니다.

　　　117 < 217　　　335 > 135　　　499 < 500

③ 세 자리 수의 백의 자리 숫자가 같을 때는 십의 자리, 일의 자리 숫자를 차례로 비교합니다.

　　　321 < 352　　　441 > 438　　　605 > 603

자릿수 퀴즈

다음은 세 자리 수 3개의 크기를 비교한 것입니다. ☐ 안에는 모두 같은 숫자가 들어가야 합니다. ☐ 안에 알맞은 숫자를 모두 찾아봅시다.

$$\boxed{}90 < 85\boxed{} < 8\boxed{}6$$

한 번 찍어 봐야지. 1이라고 생각해 보면 190<851<816. 틀렸어. 1은 안 돼.

찍기가 무조건 나쁜 것은 아니란다. 찍기는 문제의 의미를 파악하는 데 도움이 되지.

이것도 몰라!

세 자리 수가 되려면 숫자 0이 백의 자리에 오면 안 된다는 것도 몰라?

❶ 다음 ☐ 안에 공통으로 들어갈 수 있는 숫자를 모두 쓰시오.

$$\boxed{}90 < 85\boxed{}$$

❷ 다음 ☐ 안에 공통으로 들어갈 수 있는 숫자를 모두 쓰시오.

$$85\boxed{} < 8\boxed{}6$$

❸ ☐ 안에 알맞은 숫자를 모두 구하시오.

$$\boxed{}90 < 85\boxed{} < 8\boxed{}6$$

[조건에 맞는 키]

1 초이의 키는 100cm보다 크고, 140cm보다 작습니다. 초이의 말을 듣고 초이의 키가 될 수 있는 수를 모두 구하시오.

내 키의 십의 자리 숫자는 3이고, 일의 자리 숫자는 십의 자리 숫자보다 작아.

초이

[주사위 세 자리 수]

2 1에서 6까지의 눈이 있는 주사위 3개를 굴려서 나온 눈을 한 번씩 사용하여 세 자리 수를 만들 때 다음 조건에 맞는 세 자리 수는 모두 몇 개입니까?

$$145 < \boxed{}\boxed{}\boxed{} < 163$$

잘 생각해 봐!

주사위를 굴려서 수를 만들면 222와 같이 같은 숫자가 여러 번 나오는 수도 만들 수 있어.

크고 작은 수 만들기

다음 숫자 카드 3장을 한 번씩 사용하여 만들 수 있는 세 자리 수 중 300보다 크고, 500보다 작은 수는 모두 몇 개인지 알아봅시다.

300보다 크고 500보다 작으려면 백의 자리에 7이 들어갈 수 없어.

❶ 300보다 크고 500보다 작은 세 자리 수를 만들려면 백의 자리에 어떤 숫자가 들어가야 하는지 모두 구하시오.

❷ 백의 자리 숫자가 3인 세 자리 수를 모두 쓰시오.

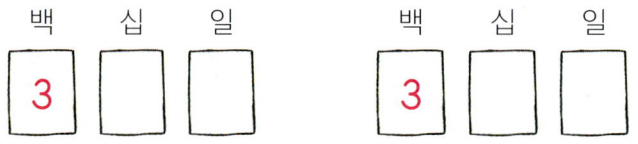

❸ 백의 자리 숫자가 4인 세 자리 수는 몇 개입니까?

❹ 조건에 맞는 세 자리 수는 모두 몇 개입니까?

1 다음 숫자 카드 4장 중 3장을 골라 한 번씩 사용하여 만들 수 있는 세 자리 수를 큰 수부터 나열하였습니다. 색칠한 칸에 알맞은 두 수의 합을 구하시오.

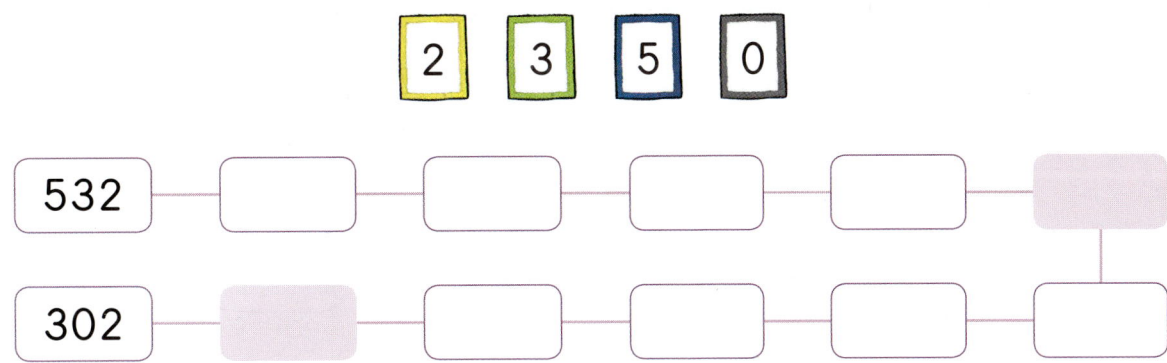

532					

302					

2 다음과 같이 숫자가 적힌 공 4개가 들어 있는 주머니에서 공 3개를 꺼내 한 번씩 사용하여 만들 수 있는 세 자리 수 중 200보다 작은 짝수는 몇 개입니까?

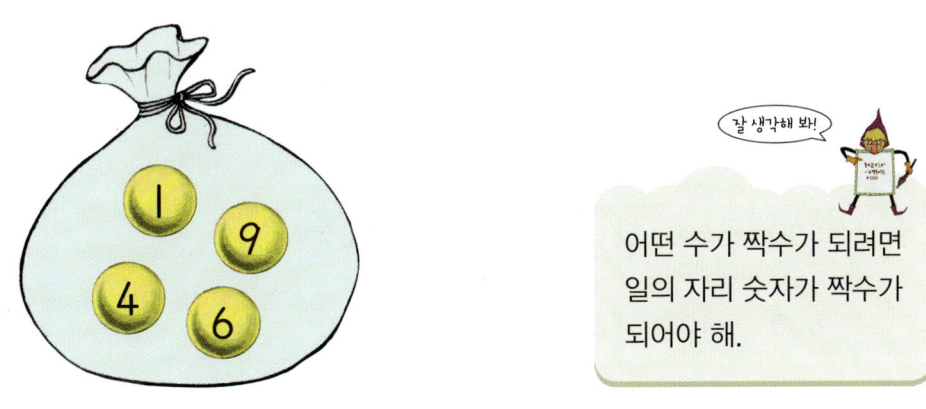

잘 생각해 봐!

어떤 수가 짝수가 되려면 일의 자리 숫자가 짝수가 되어야 해.

1 다음은 천판 수 배열표의 일부분입니다. 색칠한 칸에 있는 두 수의 차를 구하시오.

천판 수 배열표에서 아래로 한 칸 내려가면 100 커지고, 오른쪽으로 한 칸 가면 10 커지지.

2 천판 수 배열표에서 규칙을 찾아 빈칸에 알맞은 수를 써넣으시오.

230	240	250	260	270	280
330	340	350	360	370	380
430	440	450	460	470	480
530	540	550	560	570	580
630	640	650	660	670	680
730	740	750	760	770	780

230 ⇔ 780

440 ⇔ 570

650 ⇔ 360

760 ⇔ ☐

3 다음은 규칙에 따라 수를 배열한 표입니다. 표에서 가장 큰 수가 들어가는 칸에 색칠하고, 알맞은 수를 써넣으시오.

	500			125	
		350	275	150	75
		375	250		50
			225	200	25

4 ★은 같은 숫자를 나타냅니다. ★이 나타내는 숫자를 구하시오.

$$★75 \ < \ 75★ \ < \ 7★5$$

Chapter 3

넘버 퍼즐

7 숫자 퍼즐

초이와 친구들은 개울 사이에 돌을 놓아 징검다리를 만들려고 합니다.

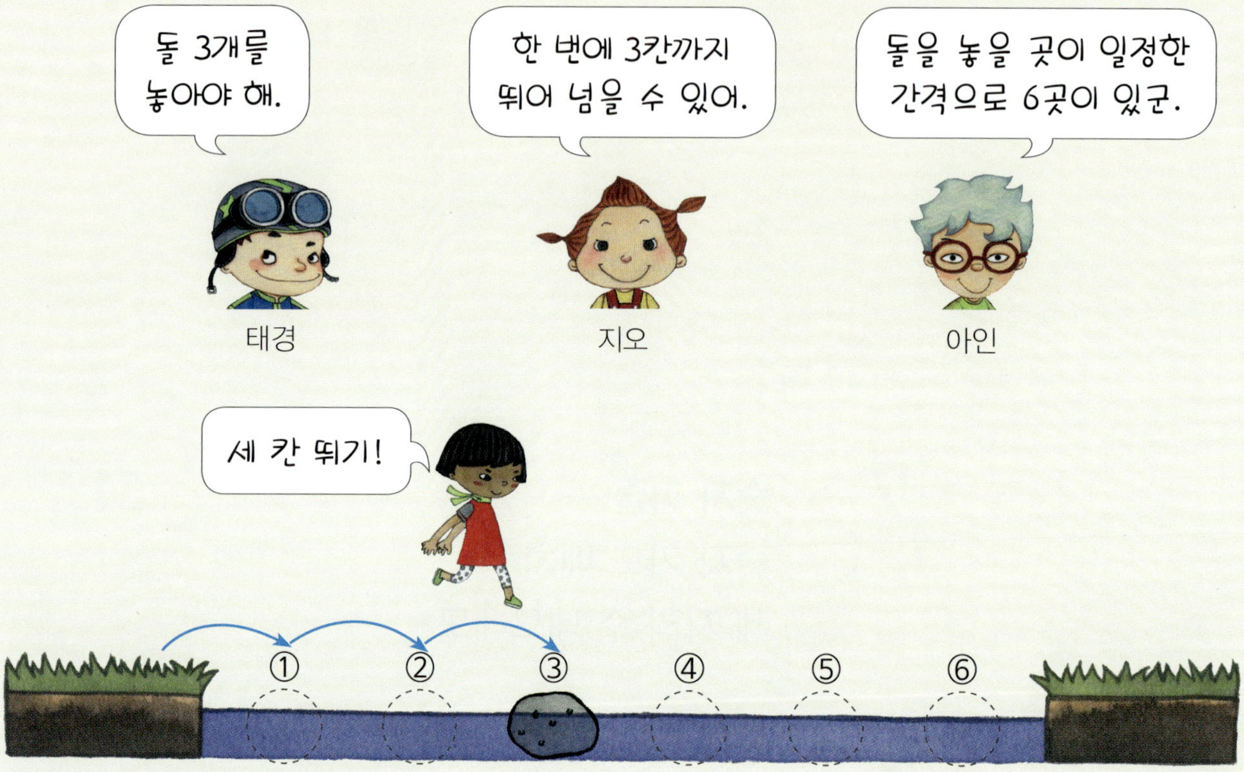

돌 3개를 놓아야 해.
한 번에 3칸까지 뛰어 넘을 수 있어.
돌을 놓을 곳이 일정한 간격으로 6곳이 있군.
태경
지오
아인
세 칸 뛰기!
①
②
③
④
⑤
⑥

아이들이 개울을 건널 수 있도록 징검다리를 만드는 여러 가지 방법을 찾아 돌 3개를 놓는 곳에 색칠해 보시오.

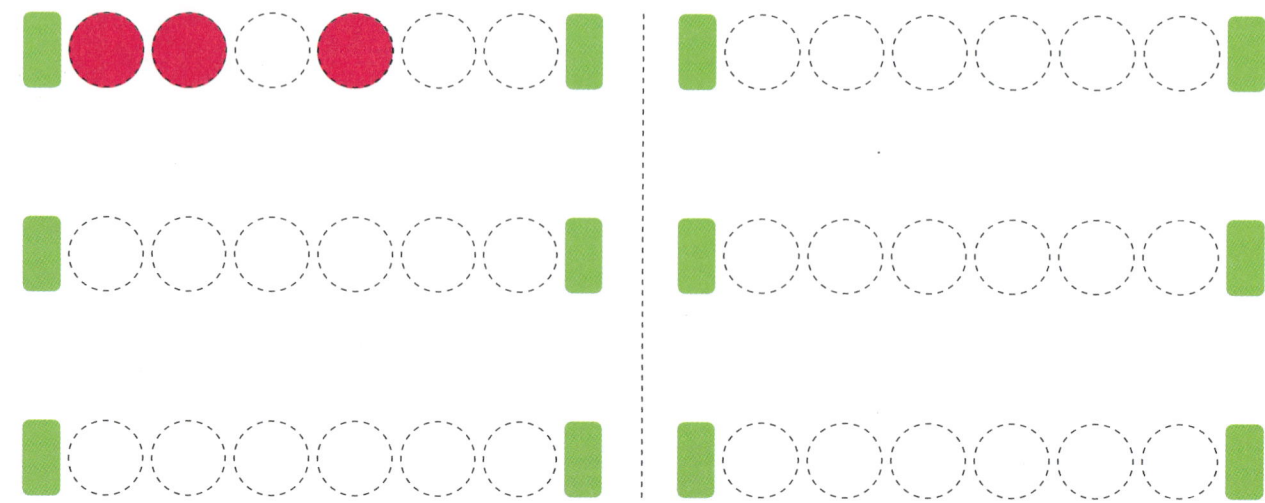

흰 바둑돌 4개와 검은 바둑돌 2개를 나란히 놓으려고 합니다. 주어진 조건에 맞게 바둑돌이 놓이도록 검은 바둑돌의 위치에 색칠해 보시오.

두 검은 바둑돌은 이웃합니다.

두 검은 바둑돌 사이에는 흰 바둑돌이 1개 있습니다.

노크 포인트

같은 숫자 카드가 2장씩 있을 때 같은 숫자끼리 서로 이웃하지 않게 늘어놓는 방법은 여러 가지가 있습니다.

1	2	3	1	2	3
3	2	1	3	2	1
2	3	1	2	3	1

2	3	2	1	3	1
1	2	3	2	3	1
3	1	2	1	3	2

숫자 카드 배치

다음 숫자 카드 6장을 조건에 맞게 나란히 늘어놓는 방법을 모두 찾아봅시다.

조건

- 1과 1 사이에 있는 숫자의 합은 10입니다.
- 2와 2는 이웃하여 있습니다.
- 3과 3은 이웃하여 있습니다.

❶ 1과 1 사이에 있는 숫자의 합이 10이 되도록 1을 써 넣으시오.

이것도 몰라!

1과 1을 뺀 나머지 숫자의 합을 구해!
2+2+3+3=10

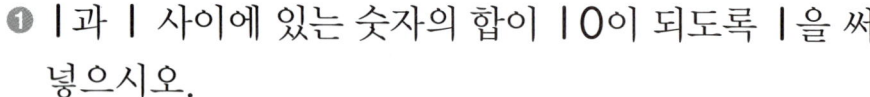

❷ 1이 들어가는 칸을 제외한 나머지 칸에 2와 2가 이웃하도록 놓는 방법은 3가지가 있습니다. 숫자 2를 알맞게 써넣으시오.

❸ ❷에서 찾은 방법 중 3과 3이 이웃하는 방법을 찾아 완성하시오.

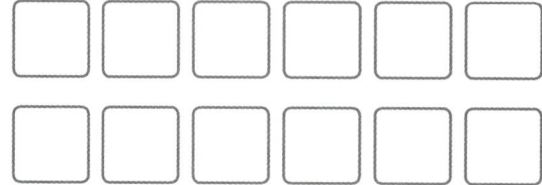

[숫자 카드 사이의 합]

1 주어진 숫자 카드 6장을 한 줄로 나란히 놓으려고 합니다. 2와 2 사이에 있는 숫자의 합은 8, 3과 3 사이에 있는 숫자의 합은 2가 되도록 놓아 보시오.

 준비물 숫자 카드

[컬러볼 배치]

2 빨간색, 노란색, 초록색, 파란색 공이 각각 2개씩 있습니다. 이 공을 조건 에 맞게 한 줄로 나란히 늘어놓는 방법은 모두 몇 가지입니까?

준비물 컬러볼

양쪽 끝에 들어가는 공의 색은 바로 알아낼 수 있어.

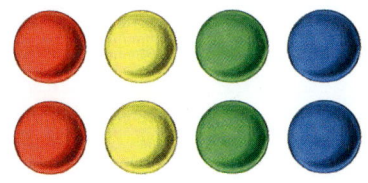

조건
- 두 파란색 공 사이에는 공이 6개 있습니다.
- 두 초록색 공 사이에는 공이 3개 있습니다.
- 두 빨간색 공은 이웃합니다.

세 자리 수 네모네모

오른쪽과 같은 사각형에 1부터 9까지의 숫자를 하나 씩 넣으면 화살표의 방향을 따라 세 자리 수 8개를 만들 수 있습니다.

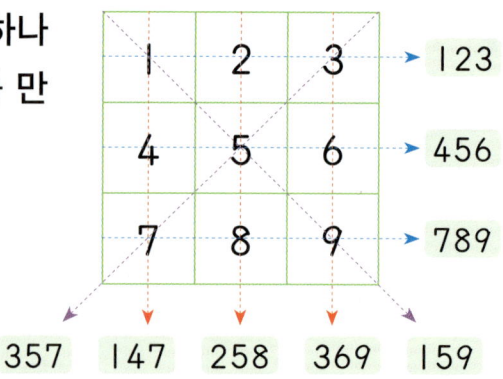

같은 방법으로 숫자의 위치만 바꾸어서 만들 수 있는 수가 다음과 같을 때, 사각형에 1부터 9까지의 숫자를 알맞게 써넣어 봅시다.

159 296 357 418
432 456 852 876

❶ 색칠한 칸에 들어가는 숫자가 백의 자리인 수는 3개입니다. 색칠한 칸에 알맞은 숫자를 구하시오.

❷ 색칠한 칸에 들어가는 숫자가 백의 자리인 수는 2개입니다. 색칠한 칸에 알맞은 숫자를 구하고 나머지 빈칸에 알맞은 숫자를 모두 써넣으시오.

1 [세 자리 수 만들기]
수가 만들어지는 규칙을 찾아 □ 안에 알맞은 수를 써넣으시오.

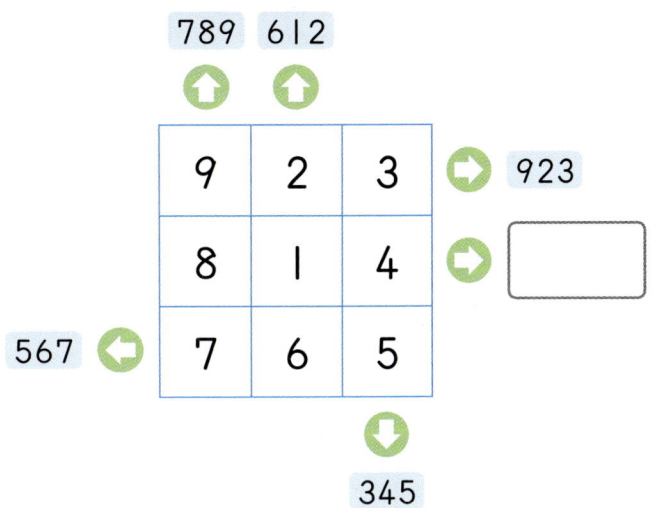

2 [네모네모 합 퍼즐]
화살표 끝에 있는 수는 화살표 위에 있는 세 수의 합입니다. ◯ 안에 알맞은 수를 써넣으시오.

잘 생각해 봐!

$3+4+□=16$

$4+5+□=15$

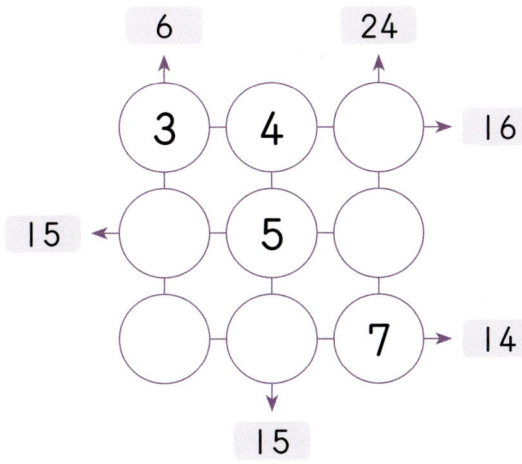

스도쿠

스도쿠는 정사각형 격자 위에서 푸는 숫자 퍼즐입니다. 스위스의 수학자인 오일러가 만든 라틴방진에서 유래되었다고 합니다.

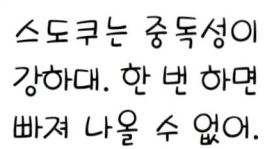

스도쿠는 중독성이 강하대. 한 번 하면 빠져 나올 수 없어.

중독이면 안 좋은 거잖아. 스도쿠를 하면 안 되겠군.

스도쿠라는 이름은 일본의 퍼즐 잡지에서 붙인 것으로 '숫자를 한 번씩만 쓸 수 있다'라는 뜻입니다.

다음은 가로, 세로, 9칸짜리 사각형 스도쿠 퍼즐입니다. 가로, 세로, 9칸짜리 사각형 안에 1부터 9까지의 숫자가 각각 한 번씩 들어가게 빈칸을 채워야 합니다.

5	3	4	6	7	8	9	1	2
6		2	1	9	5	3	4	8
1	9	8	3	4		5	6	7
8	5	9	7	6	1	4	2	3
4	2	6	8		3	7	9	1
7	1	3	9	2	4	8	5	
9	6	1	5	3	7	2	8	4
2	8	7	4	1	9	6	3	5
3	4	5		8	6	1	7	9

→ 1부터 9까지 한 번씩 써넣기

→ 1부터 9까지 한 번씩 써넣기

↓ 1부터 9까지 한 번씩 써넣기

위의 스도쿠 퍼즐의 빈칸에 알맞은 수를 써넣으시오.

각 선분 위에 1, 2, 3, 4가 각각 한 번씩만 들어가도록 ◯ 안에 알맞은 수를 써 넣으시오.

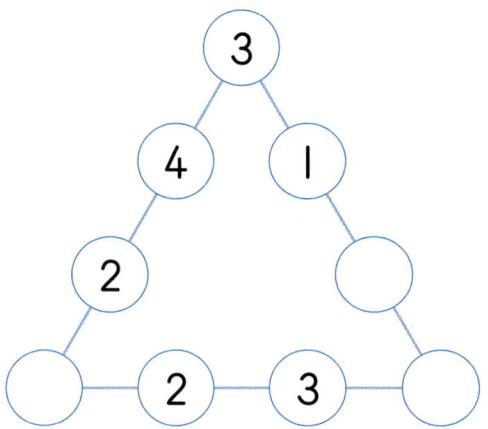

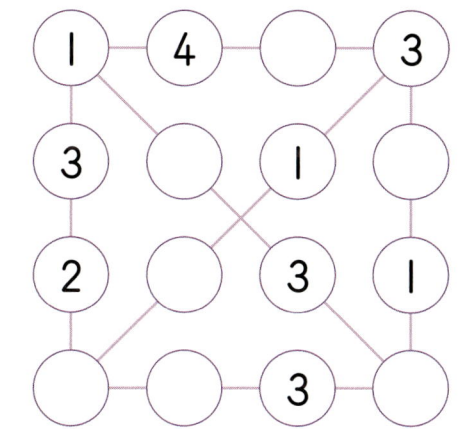

◯ 안의 수를 찾을 때에는 푸는 순서가 중요해.

 노크 포인트

4×4 스도쿠 퍼즐 푸는 방법

① 세 숫자가 주어져 있는 곳을 찾아 빈칸에 알맞은 숫자를 써넣습니다.

1		4	
3			1
4	1		2
2		1	

② 또다른 세 숫자가 주어진 곳을 찾아 알맞은 숫자를 써넣습니다.

1		4	
3			1
4	1		2
2	3	1	

③ 나머지 빈칸을 조건에 맞게 채워서 스도쿠 퍼즐을 완성합니다.

1	2	4	3
3	4	2	1
4	1	3	2
2	3	1	4

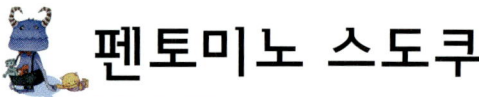

펜토미노 스도쿠

다음 퍼즐은 펜토미노 스도쿠입니다. 가로, 세로, 펜토미노로 나누어진 부분에 1, 2, 3, 4, 5가 각각 한 번씩만 들어가도록 빈칸을 모두 채워 봅시다.

와 같이 정사각형 5개를 붙인 모양을 펜토미노라고 해. 펜토미노 5칸 안에 각각 다른 수가 들어가야 해.

❶ 수학 요정의 힌트를 보고 칠해진 칸에 알맞은 수를 써넣으시오.

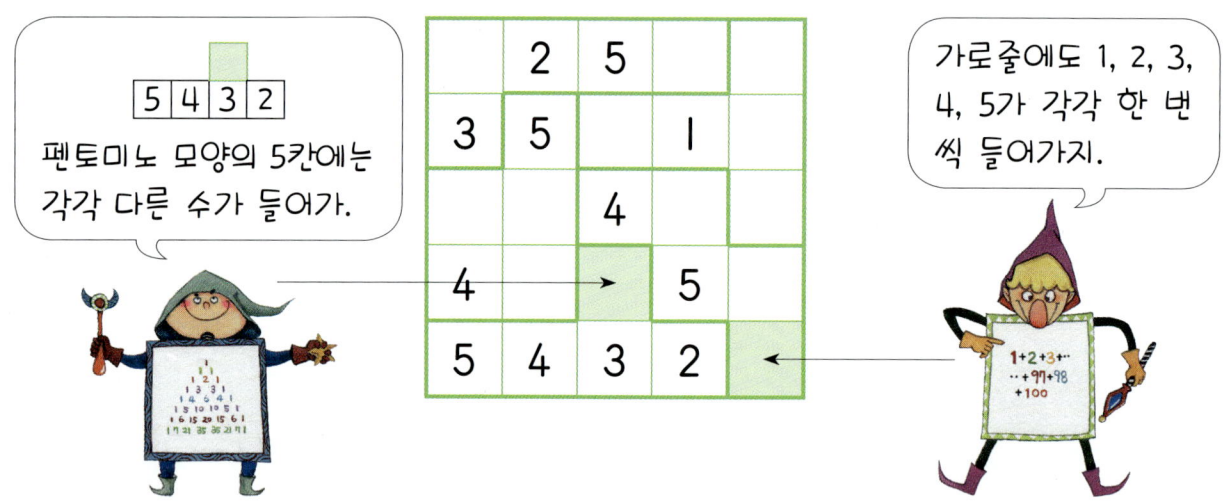

5 4 3 2

펜토미노 모양의 5칸에는 각각 다른 수가 들어가.

가로줄에도 1, 2, 3, 4, 5가 각각 한 번씩 들어가지.

1+2+3+
···+99+98
+100

❷ 가로, 세로를 보고 빨간색 칸에 알맞은 수를 써넣고, 나머지 빈칸을 조건에 맞게 모두 채워 보시오.

[5×5 스도쿠]

1 가로, 세로에 1, 2, 3, 4, 5가 각각 한 번씩만 들어
가도록 빈칸에 알맞은 수를 써넣으시오.

		5	3	
2		4		3
1	2			5
3	4	2		1
5	3	1	2	

다섯 개의 수 중 나머지 하나가 들어갈 칸을 먼저 찾아봐.

[컬러 스도쿠]

2 가로, 세로, 같은 색으로 칠한 곳에 1, 2, 3, 4, 5가 각각 한 번씩만 들어가도록
빈칸에 알맞은 수를 써넣으시오.

				5
3	4	5	1	
1		4	5	3
5		3	2	
4				1

시작이 반이라고
처음이 중요해.

6×6 스도쿠

가로, 세로, 굵은 선으로 나누어진 부분에 1, 2, 3, 4, 5, 6이 각각 한 번씩만 들어가도록 빈칸을 모두 채워 봅시다.

1					
	5	4	2	1	3
	1	6		2	4
3	4		6		1
	6	1	4		5
		5			2

❶ 색칠한 칸에 번호 순서대로 알맞은 숫자를 써 넣으시오.

잘 생각해 봐!

③번 칸은 같은 줄 맨 오른쪽에 숫자 2가 있다는 점을 생각해.

1	④		⑤	⑥	②
①	5	4	2	1	3
	1	6		2	4
3	4		6		1
	6	1	4		5
	③	5			2

❷ 조건에 맞게 나머지 칸에 알맞은 수를 모두 써 넣으시오.

1					
	5	4	2	1	3
	1	6		2	4
3	4		6		1
	6	1	4		5
		5			2

[직소 스도쿠]

1 가로, 세로, 굵은 선으로 나누어진 부분에 1, 2, 3, 4, 5, 6이 각각 한 번씩만 들어가도록 빈칸을 모두 채워 보시오.

	5			3		1
		1			2	4
5			1	2		6
3	2			6	1	
1		3	5		6	2
	4				1	5

처음 하나를 찾으면 쭉 풀리지.

[벌집 스도쿠]

2 화살표 방향으로 나란히 있는 칸, 같은 색인 칸에 1, 2, 3, 4, 5, 6이 각각 한 번씩만 들어가도록 빈 곳에 알맞은 수를 써넣으시오.

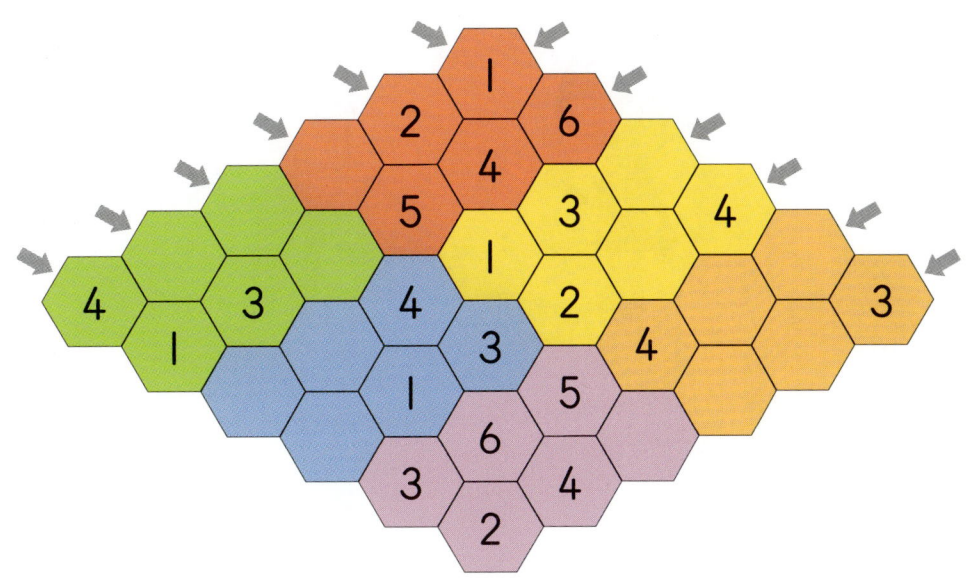

9 노노그램

노노그램은 일본에서 만들어진 숫자 그림 퍼즐입니다. 바둑판 모양의 격자판에 위와 옆에 적힌 힌트 숫자를 보고 색칠하여 모양을 만듭니다.

위와 옆에 쓰인 숫자는 연속으로 색칠한 칸의 수를 나타내. 숫자에 맞게 칸을 색칠하니 낙타 그림이 되었어.

낙타 노노그램

노노그램은 쉽게 풀리는 경우도 있지만 어려운 문제의 경우 상당한 집중력과 사고력이 필요한 두뇌 훈련 퍼즐입니다.

스도쿠와 원리가 비슷해. 머리 좀 써야겠어.

노노그램 인터넷 게임도 있다고 해. 재미있겠는 걸.

노노그램은 위와 옆에 적힌 힌트 숫자를 보고 칸을 색칠하여 그림을 완성하는 퍼즐입니다. 그림을 보고 힌트 숫자를 써넣으시오.

힌트 숫자를 넣는 건 아주 쉽네. 머리를 쓸 필요도 없어. 가로, 세로로 연속적으로 색칠되어 있는 칸의 수를 세어서 쓰면 돼.

중간에 색칠이 안 된 칸이 있으면 따로따로 쓰면 돼.

1 3
1 1 1
2 1

노크 포인트

노노그램 퍼즐 푸는 방법

① 먼저 전체를 색칠할 수 있는 줄을 찾아 색칠합니다.

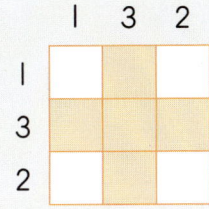

② 색칠하지 않는 칸을 찾아 ✕표 합니다.

③ 나머지 칸에 색칠하거나 ✕표 하여 완성합니다.

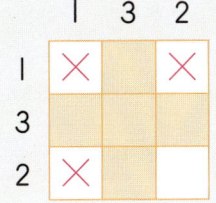

 # 노노그램 퍼즐

노노그램을 해 봅시다.

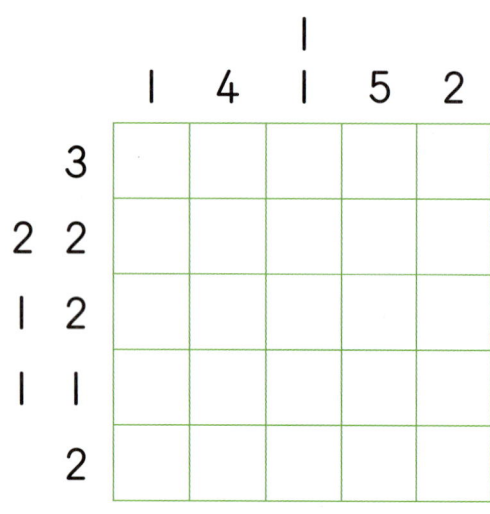

노노그램은 시작이 중요하지. 힌트 숫자 중 큰 수부터 찾아보는 게 어때!

❶ 위의 노노그램에서 힌트 숫자가 5인 세로줄을 색칠하시오.

❷ 힌트 숫자가 2 2인 가로줄을 색칠하시오.

❸ 힌트 숫자를 보고 절대 색칠하지 않는 칸에 ✕표 하시오.

❹ 위의 노노그램을 완성하시오.

1 사각형 밖에 있는 수는 그 줄에 연속으로 있는 ◯의 수를 나타냅니다. 빈칸에 알맞게 ◯를 그려 넣으시오.

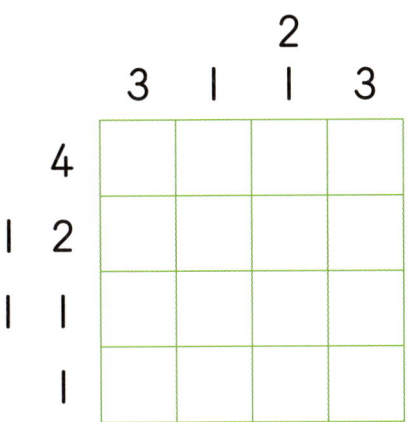

[노노그램 미로 탈출]

2 원숭이가 바나나를 찾아 미로를 통과하려고 합니다. 규칙 을 보고 함정이 있는 방을 피해서 미로를 통과하는 선을 그어 보시오.

규칙

• 한 번 지나간 방은 다시 지날 수 없습니다.
• 미로의 밖에 있는 수는 그 줄에 연속으로 함정이 있는 방의 수입니다.

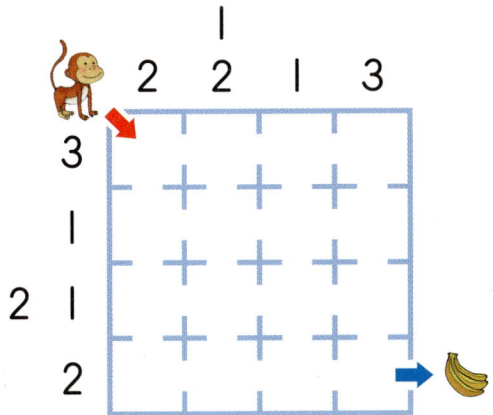

지뢰 찾기

네모 칸 안에 적힌 수는 수를 둘러싼 칸에 있는 지뢰의 수를 나타 냅니다.

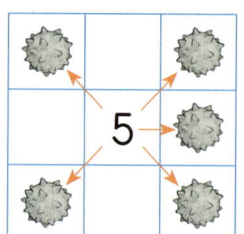

오른쪽 지뢰 찾기 퍼즐에 지뢰가 숨겨져 있습니다. 지뢰가 있는 칸을 모두 찾아 ◯표 해 봅시다.

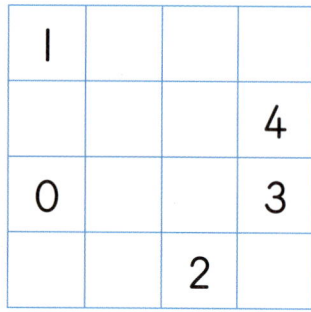

❶ 0을 둘러싼 분홍색 칸에는 모두 지뢰가 없습니다. 이 칸에 모두 ✕표 하시오.

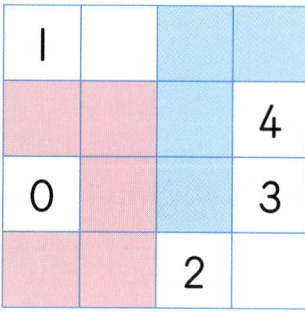

❷ 4를 둘러싼 파란색 칸에 모두 4개의 지뢰가 있습니다. 지뢰가 있는 칸에 모두◯표 하시오.

❸ 나머지 칸에 지뢰가 있는지 없는지 표시하여 지뢰 찾기 퍼즐을 완성하시오.

지뢰 찾기는 내가 좋아하는 컴퓨터 게임이지.

1 보기 와 같이 주위를 둘러싼 칸에 있는 지뢰의 수를 빈칸에 모두 써넣으시오.

보기		
1	3	💣
💣	5	💣
💣	💣	2

💣			
💣	4	💣	💣
	💣		💣
2	💣		

[다리 놓기]

2 섬에 적힌 수는 다른 섬과 연결하려는 다리의 수입니다. 다리끼리 겹치지 않도록 다리를 선으로 나타내어 보시오.

이것도 몰라!

섬이 모두 5개니까 4가 적힌 섬은 다른 섬과 모두 연결되는 거야. 몰랐지?

1 다음 숫자 카드 6장을 조건 에 맞게 한 줄로 나란히 늘어놓는 방법을 모두 찾아 보시오.

1	2	3
1	2	3

조건

- 1과 1 사이에는 카드 3장이 있습니다.
- 2와 2 사이에는 카드 2장이 있습니다.
- 3과 3 사이에는 카드 1장이 있습니다.

[방법1] ☐ ☐ ☐ ☐ ☐ ☐

[방법2] ☐ ☐ ☐ ☐ ☐ ☐

2 가로, 세로, 굵은 선으로 나누어진 부분에 1, 2, 3, 4, 5, 6이 각각 한 번씩만 들어가도록 빈칸에 알맞은 수를 써넣으시오.

5	3		1		
	1		2	4	5
2				3	
3		6		1	2
4	2	1	5		
1	6	2			4

3 사각형 밖에 있는 수는 그 줄에 연속으로 있는 ◯의 수를 나타냅니다. 빈칸에 알
맞게 ◯를 그려 넣으시오.

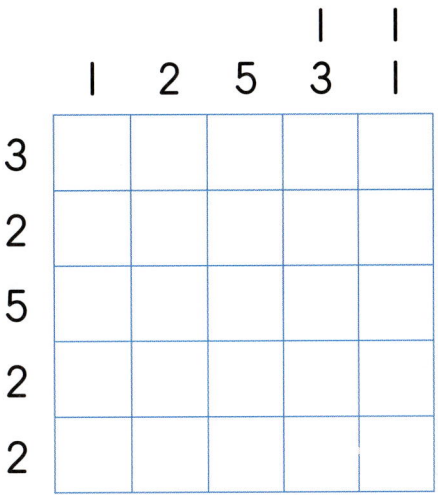

4 네모 칸 안에 적힌 수는 그 수를 둘러싼 칸에 있는 지뢰의 수를 나타냅니다. 지뢰
가 있는 칸을 모두 찾아 ◯표 하시오.

	2	I		
				3
2		3		
3				
		4	2	I

Chapter 4

조건과 수

10 자릿수 조건

지오는 세 자리 수를 '노크'인 것과 '노크'가 아닌 것으로 분류하였습니다.

133 222 300 141

이 수들은 '노크'야!

노크인 수는 숫자들이 모두 5보다 작아. 5보다 작은 숫자로 이루어진 수야.

910 275 321 876

이 수들은 '노크'가 아닌 걸.

노크인 수는 300보다 작은 수야.

태경

노크인 수는 똑같은 숫자가 있는 수야.

아인

초이

지오가 수를 분류한 기준을 바르게 말한 친구는 누구입니까?

다음은 세 자리 수를 '노크'인 수와 '노크'가 아닌 수로 분류한 것입니다. 잘못 분류한 수를 모두 찾아 ○표 하시오.

노크인 수

300 747 133 222 345 909

노크가 아닌 수

401 190 114 275 876 236

세 자리 수를 각 자리 숫자의 합에 따라 세 모둠으로 분류하였습니다. 각 모둠에
알맞은 수를 2개씩 더 찾아 쓰시오.

모둠 가	모둠 나	모둠 다
111	118	461
123	253	707
350	712	444
243	262	138
162	415	920

노크 포인트

여러 가지 자릿수 조건에 맞는 세 자리 수를 찾을 수 있습니다.
① 같은 자릿수
　예 백의 자리 숫자와 십의 자리 숫자가 같은 수 ➡ 110 224 337 555 772 889
② 점점 늘어나거나 줄어드는 자릿수
　예 (일의 자리 숫자) > (십의 자리 숫자) > (백의 자리 숫자)
　　　　　　　　　　　　➡ 123 235 136 347 459 789
③ 자릿수의 합
　예 각 자리 숫자의 합이 10인 수 ➡ 136 217 901 820 343 541

점점 작아지는 자릿수

숫자 카드 5장 중 3장을 골라 한 번씩 사용하여 세 자리 수를 만들려고 합니다. 만들 수 있는 세 자리 수 중 백의 자리 숫자가 십의 자리 숫자보다 크고, 십의 자리 숫자가 일의 자리 숫자보다 큰 수는 모두 몇 개인지 알아봅시다.

❶ 조건에 맞는 수 중 백의 자리 숫자가 8인 수를 모두 구하시오.

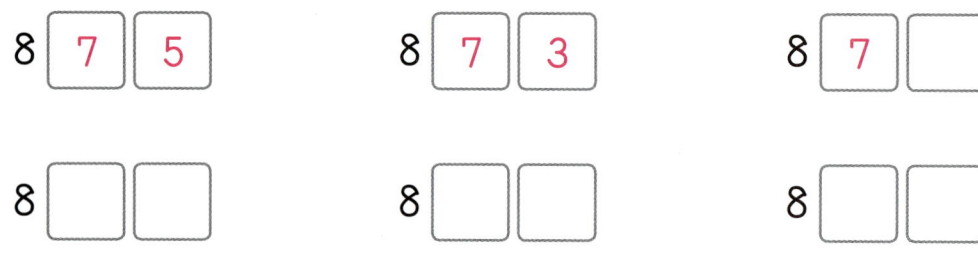

❷ 조건에 맞는 수 중 백의 자리 숫자가 7인 수를 모두 구하시오.

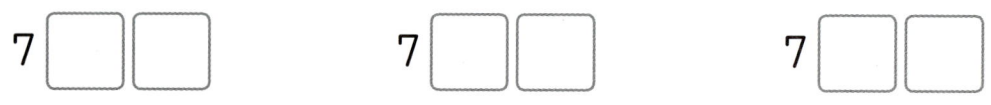

❸ 조건에 맞는 수 중 백의 자리 숫자가 5인 수를 구하시오.

❹ 조건에 맞는 수는 모두 몇 개입니까?

이것도 몰라!

잠깐! 백의 자리 숫자가 2 또는 3인 경우도 찾아 봐야 하는 것 아냐?

1 200보다 작은 세 자리 수 중 일의 자리 숫자가 십의 자리 숫자보다 크고, 십의 자리 숫자가 백의 자리 숫자보다 큰 수는 모두 몇 개입니까?

잘 생각해 봐!

조건에 맞는 가장 작은 수는 123, 가장 큰 수는 189지.

[세 자리 수의 비밀]

2 다음과 같은 특징을 가진 세 자리 수 중 가장 큰 수와 가장 작은 수를 각각 구하시오.

651   431   743   752   972   862   541

이것도 몰라!

숫자의 합도 구해 보고, 숫자의 크기도 비교해 보고~ 그렇게 하고 있지?

팔린드롬 수

3, 22, 404와 같이 숫자를 거꾸로 읽어도 원래 수와 같은 수를 팔린드롬 수라고 합니다. 1부터 199까지의 수 중 팔린드롬 수는 모두 몇 개인지 구해 봅시다.

토마토와 같이 앞으로 읽어도 거꾸로 읽어도 같은 말이 되는 것을 팔린드롬이라고 하지.

토마토, 스위스, 기러기, 일요일, 별똥별, 사진사, 일주일, 아시아.

❶ 한 자리 수는 모두 팔린드롬 수입니다. 한 자리 팔린드롬 수는 몇 개입니까?

❷ 십의 자리 숫자와 일의 자리 숫자가 같은 두 자리 수는 팔린드롬 수입니다. 두 자리 팔린드롬 수는 몇 개입니까?

❸ 백의 자리 숫자와 일의 자리 숫자가 같은 세 자리 수는 팔린드롬 수입니다. 200보다 작은 세 자리 팔린드롬 수를 작은 수부터 차례로 써 보시오. 200보다 작은 세 자리 팔린드롬 수는 몇 개입니까?

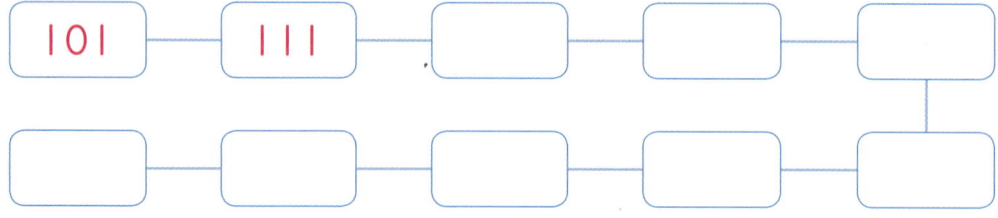

| 101 | 111 | | | |

❹ 1부터 199까지의 수 중 팔린드롬 수는 모두 몇 개입니까?

[최대, 최소 팔린드롬 수]

1 세 자리 팔린드롬 수 중에서 가장 큰 수와 가장 작은 수의 차를 구하시오.

백의 자리 숫자가 9인 세 자리 수 중에서 팔린드롬 수를 찾아보렴.

[팔린드롬 주사위]

2 1부터 6까지의 수가 적힌 주사위 3개를 굴려서 나온 수로 세 자리 수를 만들려고 합니다. 만들 수 있는 세 자리 수 중 팔린드롬 수는 모두 몇 개입니까?

가장 작은 수는 111, 가장 큰 수는 666이지.

조건에 맞는 수

아인이와 초이는 세 자리 수 맞히기 스무 고개 게임을 하고 있습니다. 초이는 마음 속으로 세 자리 수를 생각하고, 아인이의 질문에 "응." 또는 "아니."로만 대답합니다.

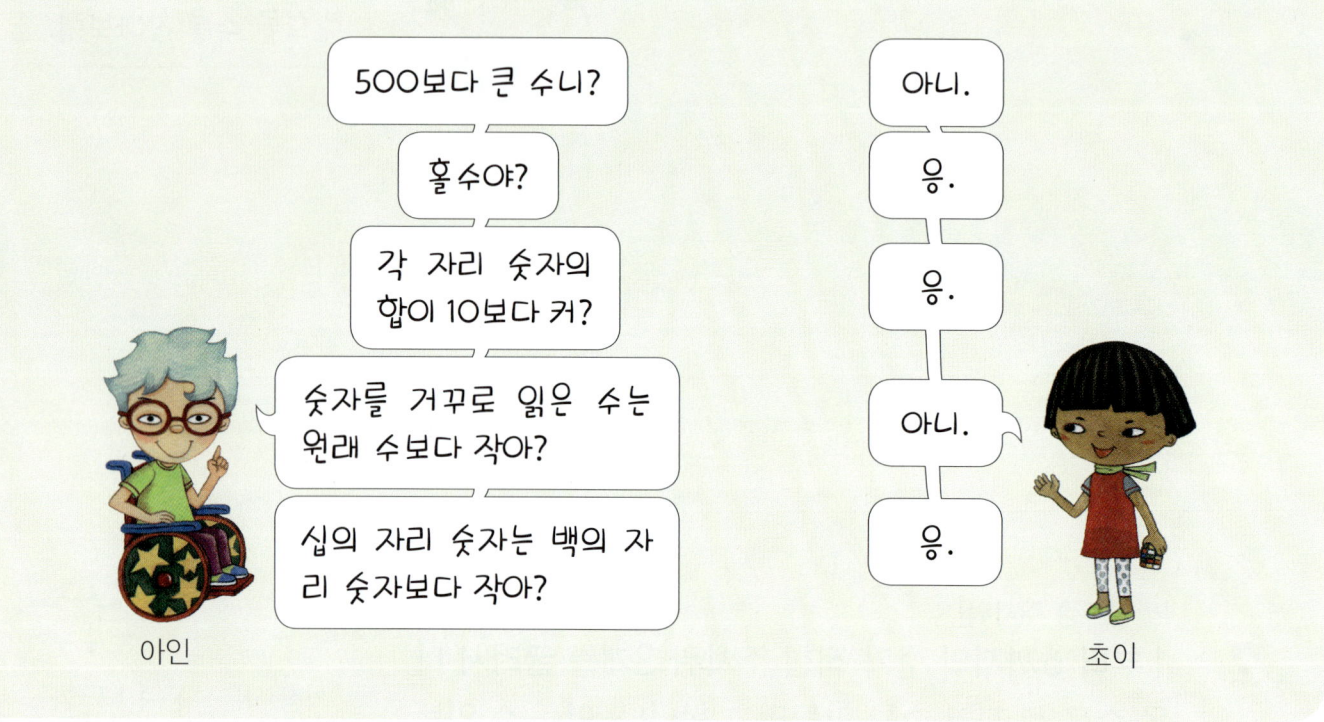

다음 중 초이가 마음 속으로 생각한 수를 찾아 ⃝표 하시오.

639	418	217	453	427	385

 사다리를 타고 내려가면서 만나게 되는 조건에 맞는 수를 주어진 수 중에서 골라 ☐ 안에 써넣으시오.

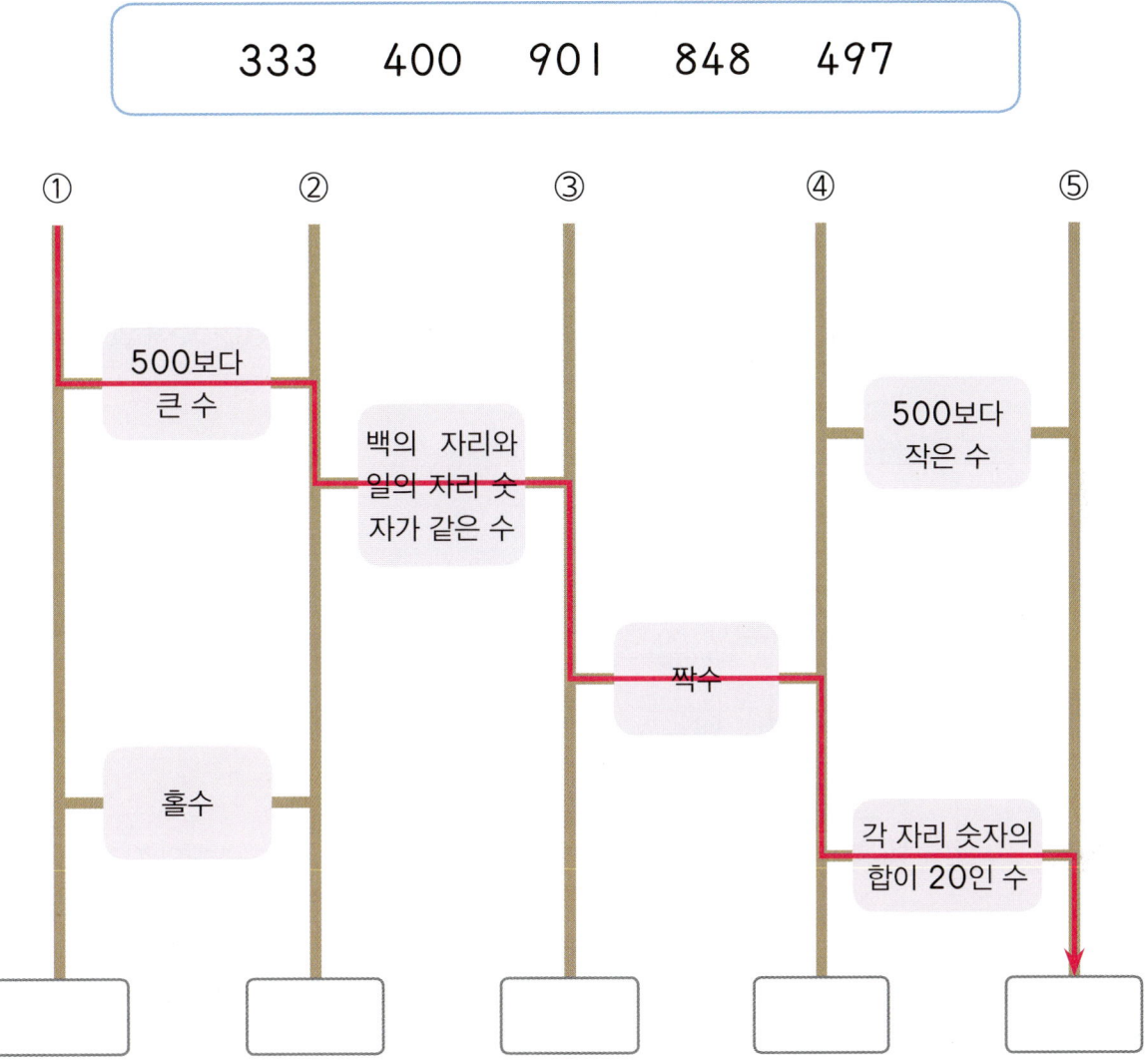

| 333 | 400 | 901 | 848 | 497 |

① 500보다 큰 수
② 백의 자리와 일의 자리 숫자가 같은 수
③ 짝수
④ 500보다 작은 수
홀수
각 자리 숫자의 합이 20인 수

노크 포인트

수를 구분하는 여러 가지 조건이 있습니다.

① 수의 크기: 예 400보다 큰 수, 777보다 작은 수
② 자릿수: 예 백의 자리 숫자가 십의 자리 숫자보다 큰 수, 각 자리 숫자의 합이 10인 수
③ 뛰어 세기: 예 홀수, 100부터 20씩 뛰어 센 수

조건에 맞는 수의 개수

조건 에 맞는 수는 모두 몇 개인지 알아봅시다.

> **조건**
>
> • 500보다 작은 세 자리 수입니다.
> • (백의 자리 숫자) > (십의 자리 숫자) > (일의 자리 숫자)
> • 각 자리 숫자의 합이 5보다 큽니다.

❶ 500보다 작은 세 자리 수의 백의 자리 숫자가 될 수 있는 숫자를 모두 쓰시오.

❷ 첫 번째와 두 번째 조건에 맞는 수를 모두 쓰시오.

> 잘 생각해 봐!
>
> 백의 자리 숫자가 1이면 두 번째 조건에 맞는 수를 만들 수 없단다.

❸ ❷에서 찾은 수 중 세 번째 조건에 맞는 수는 모두 몇 개입니까?

1 다음 숫자 카드 6장 중 3장을 골라 한 번씩 사용하여 만든 세 자리 수 중 400 보다 크고, 각 자리 숫자의 합이 10보다 작은 수는 모두 몇 개입니까?

| 0 | 2 | 3 | 4 | 7 |

[숨은 자릿수 조건]

2 조건 에 맞는 수는 모두 4개입니다. ☐ 안에 알맞은 숫자를 써넣으시오.

조건

· 700보다 큰 세 자리 짝수입니다.

· 숫자를 거꾸로 읽은 수가 원래 수와 같습니다.

· 십의 자리 숫자가 ☐ 보다 작습니다.

이것도 몰라!

첫 번째, 두 번째 조건에 맞는 수부터 모두 찾아보 는 게 좋을 걸?

가로세로 수 퍼즐

가로세로 수 퍼즐을 완성해 봅시다.

①		㉮		
		②	㉯	
	③			

가로 열쇠

① 세 번째로 작은 세 자리 팔린드롬 수

② 일의 자리와 백의 자리 숫자는 같고, 각 자리 숫자의 합은 20인 수

③ 가장 작은 세 자리 수

세로 열쇠

㉮ 십의 자리는 백의 자리 숫자보다 작고, 일의 자리와 백의 자리 숫자의 합은 10인 수

㉯ 백의 자리는 십의 자리 숫자보다 크고, 십의 자리는 일의 자리 숫자보다 큰 수

❶ 세 자리 팔린드롬 수 중 가장 작은 수는 101입니다. 세 번째로 작은 세 자리 팔린드롬 수를 가로 열쇠 ①에 써넣으시오.

❷ 세로 열쇠 ㉮의 첫 번째 숫자는 1입니다. 조건에 맞게 세로 열쇠 ㉮에 알맞은 수를 써넣으시오.

❸ 나머지 칸을 모두 채워서 위의 가로세로 수 퍼즐을 완성하시오.

1 가로세로 수 퍼즐을 완성하시오.

①	㉮			②	㉯
	③		㉰		
					㉱
㉲			④		
⑤					

가로 열쇠

① 각 자리 숫자가 모두 7인
  세 자리 수
② 각 자리 숫자의 합이 10인 두 자
  리 수 중 가장 큰 수
③ 거꾸로 읽으면 209인 수
④ 십의 자리가 일의 자리 숫자의 절
  반인 팔린드롬 수
⑤ 십의 자리와 일의 자리 숫자가 같
  은 두 자리 수

세로 열쇠

㉮ 십의 자리가 백의 자리 숫자보다
  크고, 일의 자리가 십의 자리 숫자
  보다 큰 세 자리 수
㉯ 일의 자리가 십의 자리 숫자의 2
  배인 두 자리 수
㉰ 각 자리 숫자의 합이 19인
  세 자리 짝수
㉱ 백의 자리가 십의 자리 숫자보다
  크고, 일의 자리는 십의 자리 숫자
  와 같은 세 자리 수
㉲ 세 번째로 작은 두 자리 홀수

주어진 조건으로 구할 수 없
는 수는 다른 수를 찾아낸 다
음에 다시 구해 봐!

12 수와 숫자의 개수

태경이와 아인이는 수와 숫자에 대해 이야기합니다.

수와 숫자는 다른 거야. 9라는 숫자를 써서 9라는 수를 나타내지.

아인

무슨 말을 하는 건지…….. 수와 숫자는 같은 거야.

태경

태경이는 대마법사에게 수와 숫자에 대해 여쭈어 보았습니다.

아인이 말대로 수는 숫자를 써서 나타낸단다.
　　0, 1, 2, ……, 9
10개의 숫자로 모든 수를 나타낸단다. 수와 숫자는 다른 거란다.

멀린

아, 알았어요. 27이라는 한 개의 수는 숫자 2, 숫자 7, 두 개의 숫자를 써서 만들었군요.

태경

다음 　 안의 수를 보고, 수와 숫자의 개수를 구하시오.

9	26	315

수: 1 개 　수: 1 개 　수: 1 개

숫자: 1 개 　숫자: 2 개 　숫자: 3 개

주어진 조건에 맞는 수를 모두 쓰고, 수와 숫자의 개수를 각각 구하시오.

11부터 15까지의 수

수: 5 개   숫자: 10 개

124부터 127까지의 수

수: ☐ 개   숫자: ☐ 개

96부터 103까지의 수

수: ☐ 개   숫자: ☐ 개

숫자의 개수를 셀 때는 0도 1개로 세지.

노크 포인트

① 한 자리 수는 수 1개가 숫자 1개로 이루어져 있습니다.   7 ➡ 수 1개, 숫자 1개

② 두 자리 수는 수 1개가 숫자 2개로 이루어져 있습니다.   45 ➡ 수 1개, 숫자 2개

③ 세 자리 수는 수 1개가 숫자 3개로 이루어져 있습니다.   100 ➡ 수 1개, 숫자 3개

연속수 세기

태경이는 공책에 1부터 99까지의 수를 순서대로 썼습니다. 태경이가 쓴 수와 숫자는 각각 몇 개인지 알아봅시다.

```
 1  2  3  4  5  6  7  8  9  10
11 12 13 14 15 16 17 18 19 20
21 22 23 24 25 26 27 28 ……
```

❶ 1부터 9까지는 한 자리 수입니다. 수와 숫자는 각각 몇 개입니까?

잘 생각해 봐!

한 자리 수는 수와 숫자의 개수가 같아.

❷ 10부터 99까지는 두 자리 수입니다. 수의 개수를 구해 보시오.

❸ 두 자리 수 하나는 각각 몇 개의 숫자로 되어 있습니까?

36이라는 하나의 수는 숫자 3, 숫자 6, 두 개의 숫자로 되어 있어.

❹ 두 자리 수를 쓰는 데 사용한 숫자는 모두 몇 개입니까?

❺ 1부터 99까지 태경이가 쓴 수와 숫자는 각각 몇 개입니까?

잘 생각해 봐!

한 자리 수 한 개를 쓰는 데 사용한 숫자는 1개, 두 자리 수 한 개를 쓰는 데 사용한 숫자는 2개야.

1 Ⅰ부터 2씩 뛰어 센 수 50개를 썼습니다. 이 수에 있는 숫자의 개수를 구하시오.

> Ⅰ 3 5 7 9 ⅠⅠ Ⅰ3 Ⅰ5 Ⅰ7 ……

[몇에서 몇까지]

2 Ⅰ, 2, 3……과 같이 Ⅰ부터 어떤 수까지 순서대로 수를 썼습니다. 수를 쓰는 데 사용한 숫자가 모두 39개일 때 어떤 수를 구하시오.

두 자리 수를 쓰는 데 사용한 숫자는 몇 개?

숫자의 개수

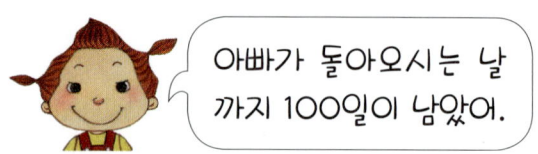

지오는 외국으로 일하러 가신 아빠를 기다리며 아빠가 돌아오시기로 한 날의 100일 전부터 알림판에 남은 날짜를 숫자 카드로 나타내었습니다.

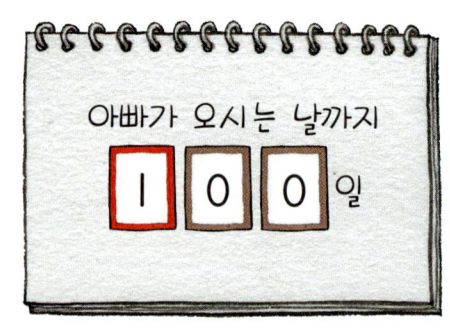

아빠가 돌아오시는 날까지 100일이 남았어.

아빠가 돌아오시는 날까지 숫자 카드 8을 모두 몇 번 사용해야 하는지 구해 봅시다.

❶ 다음은 1부터 100까지의 수를 쓴 것입니다. 숫자 8이 들어가는 칸을 모두 색칠하시오. 숫자 8이 쓰인 칸은 모두 몇 개입니까?

1	2	3	4	5	6	7	8	9	10
11	12	13	14	15	16	17	18	19	20
21	22	23	24	25	26	27	28	29	30
31	32	33	34	35	36	37	38	39	40
41	42	43	44	45	46	47	48	49	50
51	52	53	54	55	56	57	58	59	60
61	62	63	64	65	66	67	68	69	70
71	72	73	74	75	76	77	78	79	80
81	82	83	84	85	86	87	88	89	90
91	92	93	94	95	96	97	98	99	100

❷ 88은 숫자 8이 두 번 쓰입니다. 1부터 100까지의 수를 쓸 때 8은 모두 몇 번 쓰입니까?

1 [키보드]

키보드로 1부터 100까지의 수를 치려고 할 때, 숫자 4를 누르는 키는 모두 몇 번 눌러야 합니까?

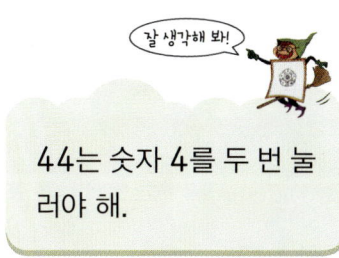

잘 생각해 봐!

44는 숫자 4를 두 번 눌러야 해.

2 [럭키 세븐]

7에서 77까지의 수를 순서대로 쓸 때, 숫자 7은 모두 몇 번 나옵니까?

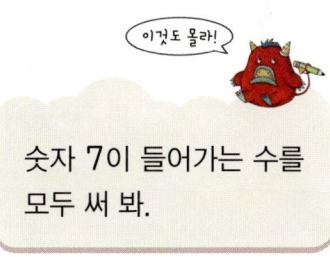

이것도 몰라!

숫자 7이 들어가는 수를 모두 써 봐.

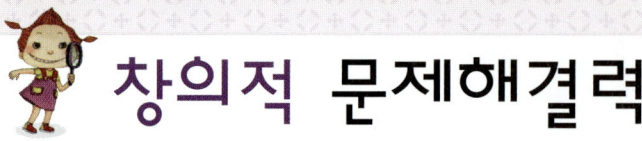
1 300보다 작은 세 자리 수 중 각 자리 숫자의 합이 6인 수는 모두 몇 개입니까?

백의 자리 숫자는 1 또는 2야.

105, 114, 123…….

2 조건 을 모두 만족하는 세 자리 수 중 세 번째로 큰 수를 구하시오.

조건

• 700보다 큰 홀수입니다.

• 숫자를 거꾸로 읽어도 처음 수와 같습니다.

• 각 자리 숫자의 합이 20보다 작습니다.

3 화살표 방향으로 읽은 세 자리 수의 조건 이 다음과 같을 때, 빈칸에 알맞은 숫자를 써넣으시오.

> **조건**
> ① 500보다 작은 수 중 가장 큰 짝수
> ② 십의 자리는 백의 자리 숫자보다 **1** 작고, 일의 자리는 십의 자리 숫자보다 **1** 작은 수
> ③ 각 자리 숫자의 합이 20인 팔린드롬 수
> ④ 각 자리 숫자의 합이 **1**0인 수

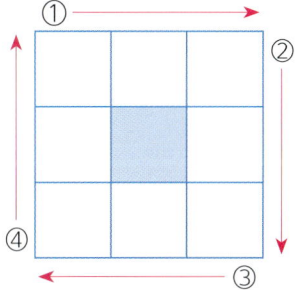

4 공책에 세 자리 팔린드롬 수를 모두 썼습니다. 수를 쓰는 데 사용한 숫자는 모두 몇 개입니까?

101 111 121 131 141 151
161 171 181 191 202
⋮

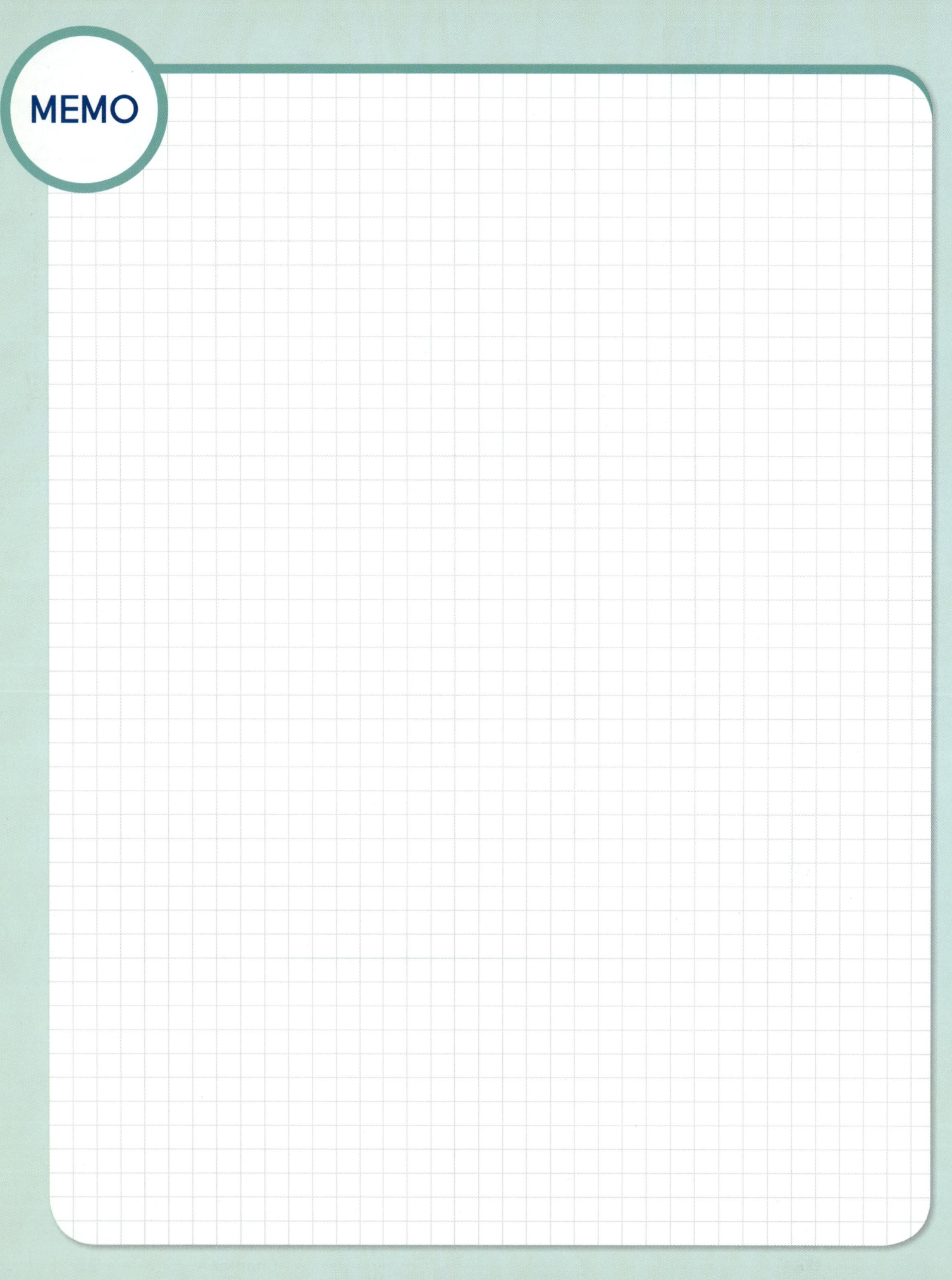

MEMO

정답및 해설

수

B1
(9~10세)

누구나 쉽고 재미있게
사고력
수학

천재교육

누구나 **쉽고 재미있게**
사고력
수학

노크

정답 및 해설

누구나
쉽고 재미있게

사고력 수학

노크

B1
(9~10세)

 수

세 자리 수

1 고대의 수

태경이와 아인이는 지금 우리가 쓰고 있는 숫자가 인도에서 유래되었다는 것을 알게 되었습니다.

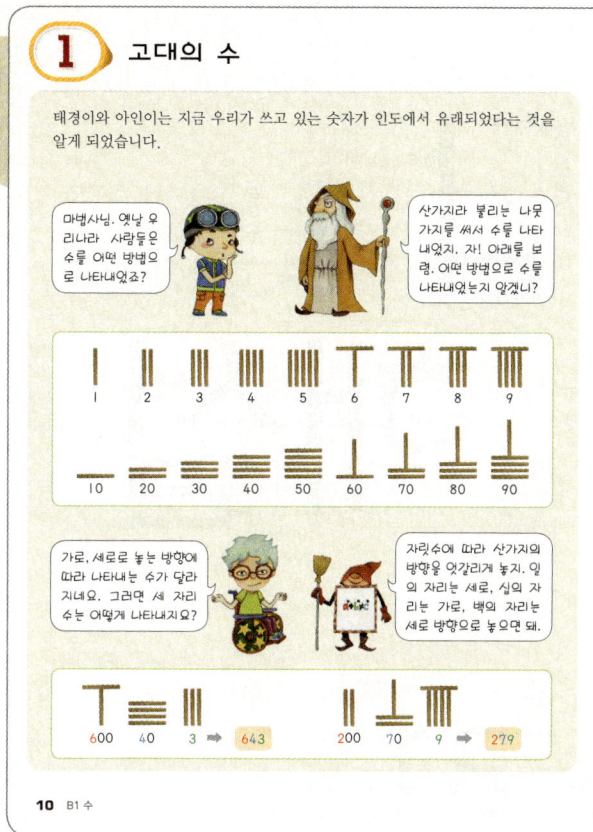

마법사님, 옛날 우리나라 사람들은 수를 어떤 방법으로 나타내었죠?

산가지라 불리는 나뭇가지를 써서 수를 나타내었지. 자! 아래를 보렴. 어떤 방법으로 수를 나타내었는지 알겠니?

1	2	3	4	5	6	7	8	9

10	20	30	40	50	60	70	80	90

가로, 세로로 놓는 방향에 따라 나타내는 수가 달라지네요. 그러면 세 자리 수는 어떻게 나타내지요?

자릿수에 따라 산가지의 방향을 엇갈리게 놓지. 일의 자리는 세로, 십의 자리는 가로, 백의 자리는 세로 방향으로 놓으면 돼.

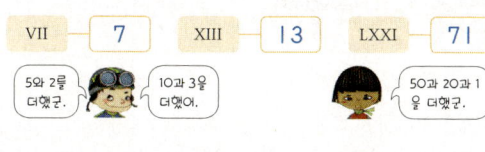

600 40 3 → 643   200 70 9 → 279

아라비아 수는 산가지 수로, 산가지 수는 아라비아 수로 나타내시오.

123 →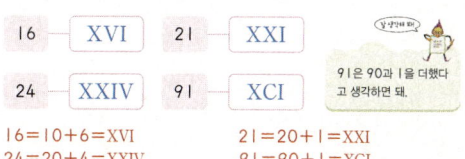

386 → ⫫ ⊥ T

567 → ⦀ ⊥ T

938 → ⫫ = ⫫

토크 포인트

산가지 수에서 자릿값이 0인 자리에는 산가지를 놓지 않고 비워 두었습니다. 이는 0을 써서 자리를 나타내는 현재의 아라비아 수 체계보다는 불편하지만 홀수 번째 자리와 짝수 번째 자리의 놓는 방향을 구분하였기 때문에 자릿값이 0인 자리를 어느 정도 알아볼 수 있었습니다.

⫫ T → 406   T = → 750

🛡 로마 수 퀴즈

다음은 고대 로마 수를 아라비아 수로 나타낸 표입니다. 물음에 답하시오.

I	II	III	IV	V	VI	VII	VIII	IX	X
1	2	3	4	5	6	7	8	9	10
XI	XII	XIII	XIV	XV	XX	XL	L	XC	C
11	12	13	14	15	20	40	50	90	100

① 위의 표를 보고 다음 고대 로마 수를 아라비아 수로 나타내어 보시오.

L → 50   C → 100   X → 10

② 로마 수는 자릿값이 없고 나타내는 수를 더해서 수를 표시하였습니다. □ 안에 알맞게 아라비아 수를 써넣으시오.

VII → 7   XIII → 13   LXXI → 71

5와 2를 더했군.   10과 3을 더했어.   50과 20과 1을 더했군.

③ 로마 수는 작은 수가 왼쪽에 있으면 큰 수에서 작은 수를 뺍니다. □ 안에 알맞은 아라비아 수를 써넣으시오.

IV → 4   IX → 9   XL → 40

50에서 1을 빼야 해.   1과 10 순서로 되어 있어.   10과 50이면 빼지지.

[로마 수로 나타내기]

1 다음 아라비아 수를 로마 수로 나타내어 보시오.

16 → XVI   21 → XXI

24 → XXIV   91 → XCI

91은 90과 1을 더했다고 생각하면 돼.

16=10+6=XVI   21=20+1=XXI
24=20+4=XXIV   91=90+1=XCI

[로마 수 성냥개비 퍼즐]

2 다음은 로마 수 덧셈식을 성냥개비로 나타낸 것입니다. 성냥개비를 1개만 옮겨서 올바른 식이 되도록 만드시오.

XXVI + I = XXV

→ XXV + I = XXVI

식을 아라비아 수로 바꾸면 26+1=25이므로 = 왼쪽의 값이 오른쪽보다 2 더 큽니다. 따라서 왼쪽이 1 작아지고, 오른쪽이 1 커지도록 성냥개비를 옮깁니다.

XXV<s>I</s>+I=XXV ➡ 25+1=26

=의 왼쪽을 계산한 값이 =의 오른쪽보다 2 큰거야.

🐌 자릿값 고대 수

고대 잉카 문명에서는 끈을 매듭으로 묶어서 수를 나타내는 '키푸'라는 방법이 있었습니다.

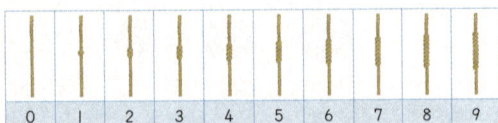

키푸는 위에 있는 매듭이 더 큰 자리를 나타냅니다. 물음에 답하시오.

> 207에서 십의 자리가 00이니까 그 자리를 비워 두었어.

45   136   207

❶ 키푸를 옆으로 눕힌 그림을 보고 ☐ 안에 알맞은 수를 써넣으시오.

$$\boxed{100} + \boxed{30} + \boxed{6} = 136$$

❷ 키푸로 나타낸 세 자리 수가 아라비아 수로 얼마인지 ☐ 안에 알맞은 수를 써넣으시오.

$$\boxed{300} + \boxed{60} + \boxed{3} = \boxed{363}$$

[한자 수 체계]

1 매듭을 묶는 부분을 ✕표 하여 '키푸'의 방법대로 수를 나타내어 보시오.

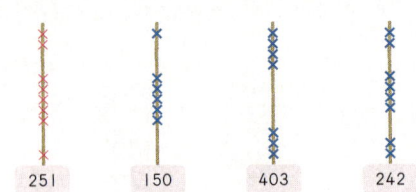

251   150   403   242

[주판 수 해독]

2 주판에서 아래쪽 구슬이 1개씩 위로 올라갈 때마다 왼쪽부터 100, 10, 1이 커지고 위쪽 구슬 1개가 아래로 내려가면 500, 50, 5가 커집니다. 빈 곳에 알맞은 수를 써넣으시오.

> 주판이 다음과 같을 때는 모든 자리가 '0'을 뜻해.

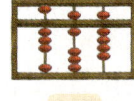

369   705   673

백의 자리: 500+100=600, 십의 자리: 50+20=70, 일의 자리: 3
따라서 알맞은 수는 673입니다.

2️⃣ 금액과 점수

한입 요괴와 울보 요괴가 각자의 저금통을 가져와서 서로 더 많이 저금을 했다고 우깁니다.

640원   720원

> 내가 동전의 개수가 더 많아. 그러니까 내가 더 많이 저금한 거야.
> 한입 요괴

> 내가 저금한 금액이 더 큰데 왜 동전의 개수는 적은 거지?
> 울보 요괴

울보 요괴의 저금통 금액이 더 큰데 동전의 개수가 적은 이유는 무엇입니까?
예 저금통 동전의 금액이 다르기 때문입니다.

울보 요괴가 저금한 720원을 가장 큰 금액의 동전을 사용해서 나타내었습니다.

100원짜리 동전을 50원짜리 동전으로 바꾸어 울보 요괴가 저금한 동전의 수에 맞게 720원을 만들어 보시오.

🔵 한입 요괴가 저금한 640원을 큰 금액의 동전부터 사용하여 640원을 만들어 보시오. 사용한 동전은 몇 개입니까? 6개

500   100   10   10   10   10

🔵 한입 요괴가 저금한 동전은 10개입니다. 큰 금액의 동전을 작은 금액의 동전으로 바꾸어 640원을 만들어 보시오.

100   100   100   100   100
100   10   10   10   10

🧙 노른 포인트

금액이 큰 동전이 많아질수록 사용하는 동전의 수는 줄어듭니다.

150원을 만드는 여러 가지 방법

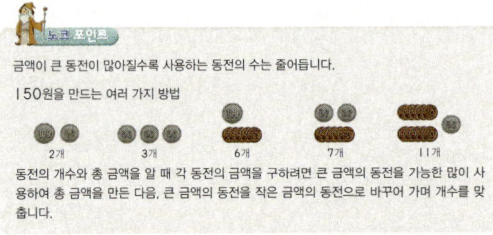

2개   3개   6개   7개   11개

동전의 개수와 총 금액을 알 때 각 동전의 금액을 구하려면 큰 금액의 동전을 가능한 많이 사용하여 총 금액을 만든 다음, 큰 금액의 동전을 작은 금액의 동전으로 바꾸어 가며 개수를 맞춥니다.

🐻 잃어버린 동전

아인이가 가진 동전 8개의 금액은 모두 820원입니다. 아인이가 동전 4개를 잃어버렸는데 다행히도 가장 적은 금액을 잃어버렸다고 합니다. 잃어버린 돈은 얼마인지 알아봅시다.

❶ 가장 적은 개수의 동전을 사용하여 820원을 만들어 보시오.

500원: ☐1개 100원: ☐3개

50원: ☐0개 10원: ☐2개

우리가 쓰고 있는 동전은 네 가지 종류가 있어.

❷ 동전 8개로 820원을 만들려면 ❶에서 찾은 방법보다 동전이 2개 더 많아야 합니다. 동전 8개로 820원을 만들어 보시오.

500원: ☐1개 100원: ☐1개 50원: ☐4개 10원: ☐2개

동전이 더 많이 필요하므로 금액이 적은 동전의 개수를 늘려봅니다.

❸ 원래 아인이가 가진 동전 중 동전 4개로 만들 수 있는 가장 적은 금액이 아인이가 잃어버린 돈입니다. 아인이가 잃어버린 돈은 얼마입니까? **120원**

가장 적은 금액은 50원짜리 2개, 10원짜리 2개입니다.

[최대 최소 동전 수]

1 100원짜리, 50원짜리, 10원짜리 동전 여러 개로 500원을 만드는 방법 중 동전 수가 가장 많을 때와 가장 적을 때의 개수의 차를 구하시오. **45개**

① 동전이 가장 많이 드는 경우: 10원짜리 50개
② 동전이 가장 적게 드는 경우: 100원짜리 5개
따라서 동전 수의 차는 50-5=45(개)입니다.

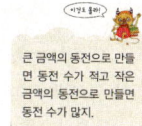

큰 금액의 동전으로 만들면 동전 수가 적고 작은 금액의 동전으로 만들면 동전 수가 많지.

[우표 붙이기]

2 100원짜리, 50원짜리, 10원짜리 우표 9장으로 440원어치 우표를 붙였습니다. 가장 많이 붙인 우표는 얼마짜리 우표입니까? **10원짜리 우표**

가장 적은 수로 440원어치 우표를 붙이려면 100원짜리 4장, 10원짜리 4장으로 모두 8장이 필요합니다.
우표 9장으로 같은 금액의 우표를 붙이려면 100원짜리 우표 1장을 50원짜리 우표 2장으로 바꾸면 됩니다.
따라서 100원짜리 3장, 50원짜리 2장, 10원짜리 4장이 되고, 가장 많이 붙인 우표는 10원짜리 우표입니다.

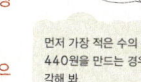

먼저 가장 적은 수의 우표로 440원을 만드는 경우를 생각해 봐.

🐹 내 점수는 몇 점?

다음과 같은 과녁에 다트 10개를 던졌더니 390점이 되었습니다. 50점짜리 과녁에 명중한 다트는 몇 개인지 알아봅시다. (단, 과녁에 맞지 않거나 선을 맞춘 다트는 없습니다.)

❶ 가장 적은 수의 다트로 390점을 만들 수 있도록 ☐ 안에 알맞은 수를 써넣으시오.

100점: ☐3개   50점: ☐1개   10점: ☐4개

❷ 과녁에 명중한 다트가 10개가 되려면 ❶의 방법에서 다트가 몇 개 더 필요합니까? **2개**

3+1+4=8(개) → 10개가 되려면 다트가 10-8=2(개) 더 필요합니다.

❸ 다트 10개로 390점이 되려면 50점짜리 과녁에 명중한 다트는 몇 개가 되어야 합니까? **5개**

100점짜리 다트 1개를 50점짜리 다트 2개로 바꾸면 다트가 1개 늘어나므로 100점짜리 다트 2개를 50점짜리 다트 4개로 바꾸면 다트가 2개 늘어납니다.
따라서 100점짜리 다트는 1개, 50점짜리 다트는 5개, 10점짜리 다트는 4개 맞혔습니다.

[수학 시험 점수]

1 50점, 10점짜리 문제가 있는 수학 시험에서 초이가 맞힌 문제 중 10점짜리 문제는 몇 개입니까? **5개**

나라면 50점짜리 3개만 맞혀서 150점을 받겠어.

가장 적게 맞혀서 150점이 되려면 50점 문제를 3개 맞혀야 합니다. 문제 수가 7개가 되려면 문제 4개를 더 맞혀야 합니다.
50점 문제 1개를 10점 문제 5개로 바꾸면 문제 수가 4개 늘어납니다.
따라서 맞힌 문제는 50점 2개, 10점 5개입니다.

[동전 던지기]

2 100원짜리 동전을 던져 숫자 면이 나오면 100점, 그림 면이 나오면 50점을 얻습니다. 동전 5개를 던져서 350점을 얻었을 때, 그림 면이 나온 동전은 모두 몇 개입니까? **3개**

100점   50점

모두 다 숫자 면이 나온다고 가정하면 점수는 500점이 됩니다.
100원짜리 동전 1개가 그림 면으로 바뀌면 점수가 50점 줄어듭니다.
500점에서 350점이 되려면 점수는 150점 줄어야 하므로 100원짜리 동전 3개가 그림 면으로 바뀌면 됩니다.

---

3 세 자리 수 만들기

대마왕은 자신의 부하 중 2인자를 정하기 위해 평소에 가장 아끼던 세 요괴를 불렀습니다. 대마왕은 숫자 7이 적힌 세 가지 색 카드를 나란히 놓은 다음 세 요괴에게 물었습니다.

셋 중 가장 강한 카드를 고른 녀석을 2인자로 정하겠다.

그러자 세 부하는 다음과 같이 각각 서로 다른 카드를 골랐습니다.

뜨겁고 강렬한 빨간색 카드야말로 가장 강한 카드예요!

물은 불보다 강하니까 파란색 카드가 더 강해요.

맨 왼쪽 카드는 7이 아닌 7000이니까 가장 강하지요.

장난 요괴

딴짓 요괴

딴소리 요괴

대마왕은 기뻐하며 딴소리 요괴를 2인자로 정했습니다.

다음 세 자리 수 중 빨간색 숫자가 가장 큰 수를 나타내는 것을 찾아쓰시오. 408

135	711	408	297	550
100	1	400	90	50

주어진 숫자 카드를 한 번씩 모두 사용하여 각 조건에 맞는 세 자리 수를 모두 만들어 보시오.

숫자 카드 1 3 6

- 숫자 3이 3을 나타내는 수 : 163 , 613
- 숫자 3이 30을 나타내는 수 : 136 , 631
- 숫자 3이 300을 나타내는 수: 316 , 361

숫자 카드 2 7 5

- 숫자 2가 200을 나타내는 수 : 257 , 275
- 숫자 7이 7을 나타내는 수 : 257 , 527
- 숫자 5가 50을 나타내는 수 : 257 , 752

토크 포인트

숫자 카드 3장을 한 번씩 모두 사용하여 세 자리 수를 만들 때, 백의 자리 숫자, 십의 자리 숫자, 일의 자리 숫자 순으로 카드를 한 장씩 정합니다. 한 번 사용한 카드는 다시 쓸 수 없고, 백의 자리에는 0이 올 수 없습니다.

백 십 일
0 1 2
2 1 0 → 210
2 0 1 → 201
1 2 0 → 120
1 0 2 → 102

가장 큰 수, 가장 작은 수

다음 숫자 카드 5장 중 3장을 골라 한 번씩 사용하여 만들 수 있는 세 자리 수 중 가장 큰 수와 가장 작은 수를 알아봅시다.

 3 9 0 4 5

너무 쉽군. 가장 작은 수는 045야.

세 자리 수에 045란 수는 없어. 세 자리 수의 백의 자리에 0이 올 수 없거든.

❶ 가장 큰 수를 만들려면 백의 자리에 가장 큰 숫자, 십의 자리에 두 번째로 큰 숫자, 일의 자리에 세 번째로 큰 숫자가 와야 합니다. 만들 수 있는 가장 큰 수를 쓰시오.

9 5 4 → 954
백 십 일

9>5>4>3>0이므로 만들 수 있는 가장 큰 수는 954입니다.

❷ 가장 작은 수를 만들려면 백의 자리에 0을 뺀 나머지 숫자 중 가장 작은 숫자가 들어가야 합니다. 가장 작은 수의 백의 자리 숫자는 얼마입니까? 3

□ □ □
백 십 일

❸ 가장 작은 수를 만들려면 십의 자리에 0이, 일의 자리에 남은 숫자 중 가장 작은 숫자가 들어가야 합니다. 만들 수 있는 가장 작은 수를 구하시오. 304

[넘버볼 세 자리 수]

1 주머니 속에 다음과 같은 공 4개가 들어 있습니다. 공 3개를 뽑아 한 번씩 사용하여 만들 수 있는 세 자리 수 중 가장 큰 수와 가장 작은 수의 합을 구하시오.
988

 2   1   6   8

가장 큰 세 자리 수: 862
가장 작은 세 자리 수: 126
두 수의 합: 862+126=988

[주사위 수 만들기]

2 1, 2, 3, 1, 2, 3이 적힌 주사위, 1, 2, 3, 4, 5, 6이 적힌 주사위, 4, 5, 6, 7, 8, 9가 적힌 주사위가 각각 1개씩 있습니다. 이 세 주사위를 굴려서 나온 수로 만들 수 있는 세 자리 수 중 가장 큰 수와 가장 작은 수를 각각 구하시오.
963, 114

가장 큰 세 자리 수를 만들려면
백의 자리 숫자: '456789' 주사위의 9
십의 자리 숫자: '123456' 주사위의 6
일의 자리 숫자: '123123' 주사위의 3
따라서 가장 큰 세 자리 수는 963입니다.
가장 작은 세 자리 수를 만들려면
백의 자리 숫자: '123123' 주사위의 1
십의 자리 숫자: '123456' 주사위의 1
일의 자리 숫자: '456789' 주사위의 4
따라서 가장 작은 세 자리 수는 114입니다.

가장 큰 수를 만들려면 백의 자리에 4, 5, 6, 7, 8, 9가 적힌 주사위에서 가장 큰 수를 써야 해.

🍂 숫자 카드로 만든 수

26 27

다음 숫자 카드 3장을 한 번씩 모두 사용하여 만들 수 있는 세 자리 수는 모두 몇 개인지 구해 봅시다.

> 엄청나게 많을 것 같은데……. 어떻게 다 찾지?

❶ 백의 자리 숫자가 2일 때 만들 수 있는 세 자리 수를 모두 쓰시오.

백	십	일		백	십	일
2	4	6		2	6	4

❷ 백의 자리 숫자가 2인 세 자리 수는 몇 개 만들 수 있습니까? **2개**

❸ 백의 자리 숫자가 4, 6인 세 자리 수는 각각 몇 개씩 만들 수 있습니까? **2개씩**
백의 자리 숫자가 4인 세 자리 수: 426, 462
백의 자리 숫자가 6인 세 자리 수: 624, 642

❹ 만들 수 있는 세 자리 수는 모두 몇 개입니까? **6개**
2×3=6(개)

[두 번째 수]

1 다음 숫자 카드 4장 중 3장을 골라 한 번씩 사용하여 만들 수 있는 세 자리 수 중 두 번째 큰 수와 두 번째로 작은 수를 각각 구하시오. **852, 238**

> 가장 큰 수를 만들면 853. 두 번째로 큰 수는?

> 가장 작은 수를 만들면 235. 두 번째로 작은 수는?

① 만들 수 있는 세 자리 수를 큰 수부터 쓰면
853 - 852 - 835 - 832 - 825 - ……
② 만들 수 있는 세 자리 수를 작은 수부터 쓰면
235 - 238 - 253 - 258 - 283 - ……
따라서 두 번째 큰 수는 852, 두 번째로 작은 수는 238입니다.

[수 만들기 과녁]

2 다음과 같은 과녁에 다트 3개를 던져서 맞힌 숫자로 세 자리 수를 만들려고 합니다. 만들 수 있는 수는 모두 몇 개입니까? (단, 과녁에 맞지 않거나 선을 맞힌 다트는 없습니다.) **27개**

> 먼저 백의 자리 숫자가 1일 때 만들 수 있는 수를 모두 찾아봐. 111, 112, 113, 121, 122, 123……

백의 자리 숫자가 1일 때 만들 수 있는 수는
111, 112, 113, 121, 122, 123, 131, 132, 133 ➡ 9개
백의 자리 숫자가 2, 3일 때도 각각 9개씩이므로 모두 9×3=27(개)입니다.

👧 창의적 문제해결력

28 29

📹 동영상 특강
QR 코드를 찍어 보세요!!

1 다음은 세 자리 수를 산가지로 나타낸 것입니다. 이 수에서 산가지 1개를 옮겨서 원래 수보다 90 더 큰 수를 만들어 보시오.

1개의 값이 10인 막대를 값이 100인 막대로 위치를 바꾸면 10 줄고 100 커져서 90 더 큰 수가 됩니다.

2 10원, 50원, 100원짜리 동전이 5개씩 있습니다. 이 동전으로 500원을 내는 방법은 모두 몇 가지입니까? **6가지**

각 동전의 수가 5개를 넘지 않는 경우를 모두 찾아 표로 나타내어 봅니다.

100원	50원	10원
5	0	0
4	2	0
4	1	5
3	4	0
3	3	5
2	5	5

모두 6가지 경우가 있습니다.

---

3 다음 표에서 가로 또는 세로 방향으로 이웃한 세 숫자를 차례로 써서 만들어지는 세 자리 수 중 가장 큰 수와 가장 작은 수를 각각 구하시오. **961, 104**

0	2	8	4	5
2	1	9	6	1
3	2	3	8	7
2	5	1	0	4
7	4	3	9	2

→ 가장 큰 수: 961
→ 가장 작은 수: 104

4 다음 숫자 카드 5장 중 3장을 골라 한 번씩 사용하여 만들 수 있는 세 자리 수 중 네 번째로 작은 수를 구하시오. **120**

만들 수 있는 세 자리 수를 작은 수부터 쓰면
102 - 103 - 107 - 120 - ……
따라서 네 번째로 작은 수는 120입니다.

수 배열 규칙

④ 천판 수 배열표

지오와 태경이가 사는 아파트는 10층짜리 건물이고, 각 층마다 10호의 집이 있습니다. 지오네 집은 아파트 3층 맨 왼쪽 집인 301호이고, 태경이네 집은 아파트 8층 맨 오른쪽 집인 810호입니다.

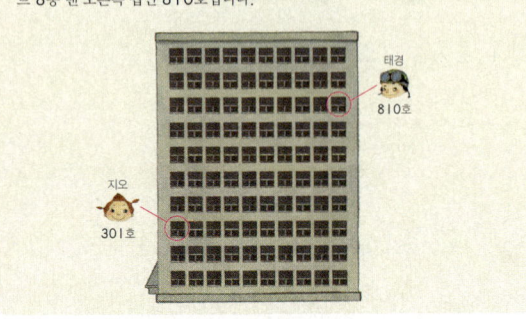

아파트 호수는 한 층 위로 갈 때마다 100씩 커지고, 한 칸 오른쪽으로 갈 때마다 1씩 커집니다. 다음을 읽고 ☐ 안에 알맞은 수를 써넣으시오.

아인이네 집은 지오네 집에서 2층 위에 있고, 오른쪽으로 5칸 옆에 있습니다.
아인이네 집은 **506** 호입니다.

초이네 집은 602호입니다.
초이네 집은 태경이네 집에서 **2** 층 아래에 있고, 왼쪽으로 **8** 칸 옆에 있습니다.

● 다음은 천판 수 배열표입니다. 빈칸에 알맞은 수를 써넣으시오.

10	20	30	40	50	60	70	80	90	100
110	120	130	140	150	160	170	180	190	200
210	220	230	240	250	260	270	280	290	300
310	320	330	340	350	360	370	380	390	400
410	420	430	440	450	460	470	480	490	500
510	520	530	540	550	560	570	580	590	600
610	620	630	640	650	660	670	680	690	700
710	720	730	740	750	760	770	780	790	800
810	820	830	840	850	860	870	880	890	900
910	920	930	940	950	960	970	980	990	1000

노크 포인트

천판 수 배열표에서 여러 가지 규칙을 찾을 수 있습니다.

① 오른쪽으로 한 칸씩 갈 때마다 10씩 커지고, 왼쪽으로 한 칸씩 갈 때마다 10씩 작아집니다.
② 아래로 한 칸씩 갈 때마다 100씩 커지고, 위로 한 칸씩 갈 때마다 100씩 작아집니다.
③ 오른쪽 아래로 비스듬히(＼) 한 칸 가면 110씩 커집니다.
④ 왼쪽 아래로 비스듬히(／) 한 칸씩 가면 90씩 커집니다.
⑤ 같은 세로줄에는 십의 자리 숫자가 같은 수들이 있습니다.

🐞 배열표 퍼즐

다음은 10에서 1000까지 10씩 커지는 수를 한 줄에 10개씩 넣어 만든 천판 수 배열표의 일부분입니다. 수 배열표에서 가장 큰 수가 860일 때, 수 배열표를 완성해 봅시다.

천판 수 배열표는 오른쪽으로 10씩 커지고 아래쪽으로 100씩 커져.

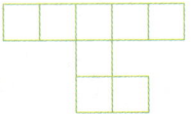

❶ 천판 수 배열표에서 가장 큰 수가 들어가는 칸을 색칠해 보시오.

가장 큰 수가 들어가는 칸이 어디일까? 그 칸에 860을 넣으면 되는데……

❷ 수 배열표의 규칙에 맞게 빈칸에 알맞은 수를 써넣으시오.

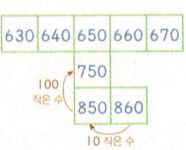

630	640	650	660	670
			750	
		850	860	

100 작은 수

10 작은 수

[수 배열표 완성]

1 다음은 천판 수 배열표의 일부분입니다. 빈칸에 알맞은 수를 써넣으시오.

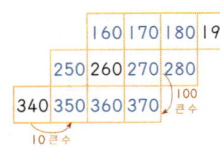

	160	170	180	190
	250	260	270	280
340	350	360	370	

10 큰 수   100 큰 수

520	530		550
	630	640	650
720	730	740	
820		840	850

[수 배열표 퀴즈]

2 다음은 아래쪽으로 한 칸씩 갈 때마다 100씩 커지고, 오른쪽으로 한 칸씩 갈 때마다 10씩 커지는 천판 수 배열표의 일부분입니다. 수 배열표에서 두 번째로 작은 수가 450일 때, 가장 큰 수를 구하시오. **550**

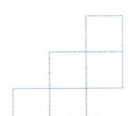

맨 위에 있는 칸에는 가장 작은 수가 들어가. 그렇다면 두 번째로 작은 수는 어디야?

이 수 배열표의 일부에서 가장 작은 수부터 차례대로 위치를 찾아 번호를 써넣어 보면

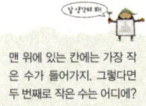

① 이므로 450은 ②에 들어갑니다.
② ③
④ ⑤

따라서 가장 큰 수는 ⑤에 들어가고 450보다 100 큰 수인 550입니다.

수 배열 약속

다음 화살표 규칙을 보고 빈 곳에 알맞은 수를 써넣으시오.

천판 수 배열표와 규칙이 같군.

150	➡	160
150	⬅	140
150	⬆	50
150	⬇	250

230 ➡ ⬆ [　　] 　　 [　　] ⬇ ⬅ ⬇ 400

❶ 각 화살표의 규칙을 찾아 ☐ 안에 알맞게 써넣으시오.

➡ : 10 큰 수　　　⬅ : 10 작은 수

⬇ : 100 큰 수　　　⬆ : 100 작은 수

❷ 규칙에 맞게 빈칸에 알맞은 수를 써넣으시오.

230 ➡ 240 ⬆ 140

210 ⬇ 310 ⬅ 300 ⬇ 400

[화살표 넣기]

1 다음 화살표 규칙을 보고 빈 곳에 알맞은 화살표를 그려 넣으시오.

220 → 230 ↓ 830 ← 320 ↑ 220

360 ← ↑ 250

또는 ↑ ←

→ : 10 커지는 규칙　　　↓ : 100 커지는 규칙,
← : 10 작아지는 규칙　　↑ : 100 작아지는 규칙
360−250＝110, 110＝100＋10이므로 ↑ 1번, ← 1번으로 그려 넣으면 됩니다.

[수 배열표 약속]

2 수 배열표에서 규칙을 찾아 빈칸에 알맞은 수를 써넣으시오.

220	230	240	250	260	270
320	330	340	350	360	370
420	430	440	450	460	470
520	530	540	550	560	570
620	630	640	650	660	670
720	730	740	750	760	770

수 배열표에서 두 수를 찾아 표시하고 이어 보면 뭔가 알 수 있을 거야.

530 ∞ 350　　　650 ∞ 560

740 ∞ 470　　　630 ∞ 360

수 배열표에서 관계가 있는 수를 찾아 이어 보면 색칠한 칸을 기준으로 양쪽으로 거울에 비친 것처럼 같은 위치에 있게 됩니다.
따라서 630과 이어지는 수는 360입니다.

---

⑤ 뛰어 세기

아인, 지오, 초이는 세 저금통 중 하나를 고른 후, 매일 정해진 규칙에 맞게 저금해서 1000원을 먼저 모으는 사람이 이기는 내기를 하였습니다.

하루에 10원씩 저금해. 아인

하루에 50원씩 저금해. 지오

하루에 100원씩 저금해. 초이

누가 내기에서 이길까요?

저금통에 매일 저금하는 금액만큼 뛰어 센 수를 써넣고, 천 원을 모으는 데 각각 며칠이 걸릴지 구하시오.

아인: 900 — 910 — 920 — 930 — 940 — 950 — [10] 일

지오: 500 — 550 — 600 — 650 — 700 — 750 — [10] 일

초이: 100 — 200 — 300 — 400 — 500 — 600 — [9] 일

이기는 사람은 누구입니까? 초이

⊙ 뛰어 센 규칙을 찾아 빈 곳에 알맞은 수를 써넣으시오.

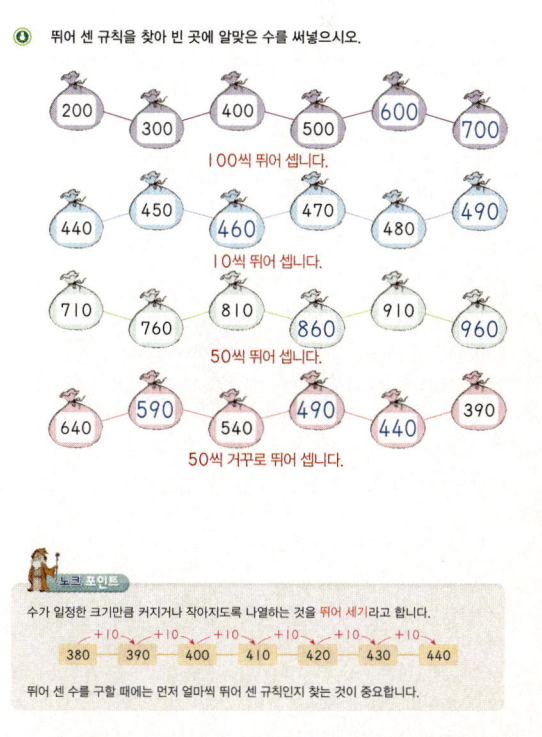

200 — 300 — 400 — 500 — 600 — 700

100씩 뛰어 셉니다.

440 — 450 — 460 — 470 — 480 — 490

10씩 뛰어 셉니다.

710 — 760 — 810 — 860 — 910 — 960

50씩 뛰어 셉니다.

640 — 590 — 540 — 490 — 440 — 390

50씩 거꾸로 뛰어 셉니다.

노크 포인트

수가 일정한 크기만큼 커지거나 작아지도록 나열하는 것을 뛰어 세기라고 합니다.

380 +10 390 +10 400 +10 410 +10 420 +10 430 +10 440

뛰어 센 수를 구할 때에는 먼저 얼마씩 뛰어 센 규칙인지 찾는 것이 중요합니다.

깡총 뛰고, 껑충 뛰고

40 · 41

태경이의 저금통에는 300원이 들어 있었습니다. 태경이가 하루에 얼마씩 같은 금액을 4일 동안 저금하였더니 저금통에 있는 금액이 모두 780원이 되었습니다. 태경이가 하루에 저금한 금액을 알아봅시다.

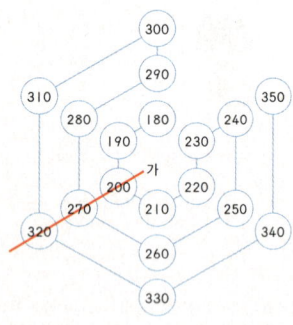

❶ 300에서 100씩 뛰어 세어 보시오. 100씩 뛰어 세면 백의 자리 숫자는 얼마씩 커집니까? | 1

| 300 | 400 | 500 | 600 | 700 |

❷ 710에서 10씩 뛰어 세어 보시오. 10씩 뛰어 세면 십의 자리 숫자는 얼마씩 커집니까? | 1

| 710 | 720 | 730 | 740 | 750 | 760 | 770 | 780 |

❸ 십의 자리 숫자가 2씩 커지려면 얼마씩 뛰어 세어야 합니까? 20

❹ 4일 동안 백의 자리 숫자는 4, 십의 자리 숫자는 8이 커졌습니다. 빈 곳에 알맞은 수를 써넣고, 태경이가 하루에 저금한 금액을 구하시오. 120원

| 300 | 420 | 540 | 660 | 780 |

4일 동안 백의 자리 숫자는 4, 십의 자리 숫자는 8 커졌으므로 하루에 백의 자리 숫자가 1, 십의 자리 숫자가 2 커지도록 뛰어 세면 됩니다. 따라서 하루에 120원씩 저금했습니다.

40 B1 수

[뛰어 세기 과정 완성]
1 다음은 일정한 수만큼 뛰어 센 것입니다. 빈 곳에 알맞은 수를 써넣으시오.

| 100 | 300 | 500 | 700 | 900 |

| 900 | 750 | 600 | 450 | 300 |

① 처음 수와 끝 수의 차가 900−100=800이고, 200+200+200+200=800이므로 200씩 뛰어 센 규칙입니다.
② 처음 수와 끝 수의 차가 900−300=600이고, 150+150+150+150=600이므로 150씩 거꾸로 뛰어 센 규칙입니다.

[수 배열표 뛰어 세기]
2 천판 수 배열표에서 화살표 방향과 같은 규칙으로 뛰어 세었습니다. 빈 곳에 알맞은 수를 써넣으시오.

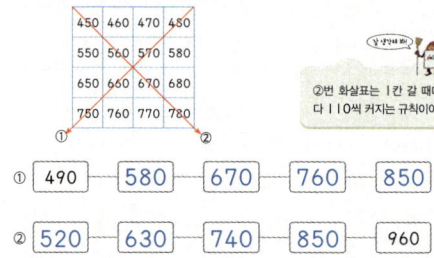
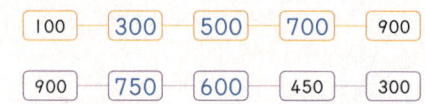

②번 화살표는 1칸 갈 때마다 110씩 커지는 규칙이야.

450	460	470	480
550	560	570	580
650	660	670	680
750	760	770	780

① | 490 | 580 | 670 | 760 | 850 |

② | 520 | 630 | 740 | 850 | 960 |

①번 화살표는 90씩 뛰어 센 규칙이고, ②번 화살표는 110씩 뛰어 센 규칙입니다.

Chapter 2 수 배열 규칙 41

뛰어 세기 배열표

42 · 43

수를 다음과 같이 배열하였습니다. 직선 가의 맨 안쪽부터 6번째 동그라미에 있는 수를 구해 봅시다.

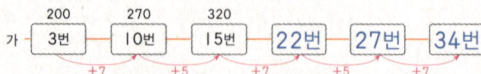

❶ 180을 1번, 10씩 뛰어 센 수를 2번, 3번, 4번……이라고 할 때, 직선 가 위에 있는 수들은 각각 몇 번인지 써넣으시오.

가 | 3번 | 10번 | 15번 | 22번 | 27번 | 34번 |
    +7   +5   +7   +5   +7

❷ ❶에서 구한 규칙에 맞게 6번째 동그라미에 들어갈 수를 구하시오.

가 | 200 | 270 | 320 | 390 | 440 | 510 |

200에서 10씩 뛰어 센 수입니다. 7번, 5번, 7번, 5번……씩 뛰어 센 수입니다.

42 B1 수

[빙글빙글 배열]
1 다음은 규칙에 따라 수를 배열한 것입니다. 색칠한 칸에 알맞은 수를 구하시오.
800

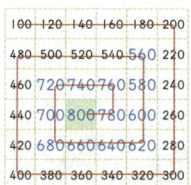

20씩 커지는 수를 차례로 이어 봐!

100	120	140	160	180	200
480	500	520	540	560	220
460	720	740	760	580	240
440	700	800	780	600	260
420	680	660	640	620	280
400	380	360	340	320	300

20씩 커지는 수를 차례로 선으로 이어 보면 수가 나열된 규칙을 찾을 수 있습니다.

[지그재그 배열]
2 다음과 같은 규칙으로 수를 배열하였을 때, 660은 몇 번 세로줄에 있는지 구하시오. ⑤

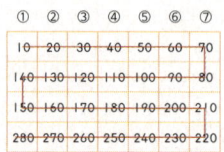

①의 자리에 다시 돌아오는 수의 규칙을 찾을 수 있을까?

①	②	③	④	⑤	⑥	⑦
10	20	30	40	50	60	70
140	130	120	110	100	90	80
150	160	170	180	190	200	210
280	270	260	250	240	230	220

10씩 커지는 수를 선으로 이어 보면 오른쪽, 왼쪽, 오른쪽, 왼쪽……으로 ①의 자리의 수가 커지는 규칙이 140마다 되풀이됩니다.
660=140+140+140+140+100에서 660은 되풀이되는 수 모둠의 10번째 수입니다.

①	②	③	④		⑥	⑦
				⑩		
			⑨			

따라서 660은 ⑤번 줄에 있습니다.

Chapter 2 수 배열 규칙 43

6 수의 크기 비교

수 배열표에서 같은 가로줄에 있는 수 중 오른쪽에 있는 수가 더 큰 수이고, 같은 세로줄에 있는 수 중 아래쪽에 있는 수가 더 큰 수입니다.

10	20	30	40	50	60	70	80	90	100
110	120	130	140	150	160	170	180	190	200
210	220	230	240	250	260	270	280	290	300
310	320	330	340	350	360	370	380	390	400
410	420	430	440	450	460	470	480	490	500

다음은 수 배열표의 일부분입니다. 가장 큰 수부터 순서대로 기호를 써넣으시오.

마 > 라 > 다 > 나 > 가

마 > 라 > 다 > 나 > 가

크기에 맞는 수를 모두 찾아 ○표 하시오.

100 < 83 ⑳⑨ ⑲③ 408 306 < 300

350 < ④⑧⑧ ③⑤① 555 58 ④⓪⓪ < 550

525 < 680 789 ⑥⑥⑥ ⑤③⓪ 700 < 675

222 < 200 ③③③ 555 ④⓪⓪ ③⓪⓪ < 444

노크 포인트

① (세 자리 수) > (두 자리 수) > (한 자리 수)

15 > 9   99 < 101

② 세 자리 수 중 백의 자리 숫자가 큰 수가 더 큰 수입니다.

117 < 217   335 > 135   499 < 500

③ 세 자리 수의 백의 자리 숫자가 같을 때는 십의 자리, 일의 자리 숫자를 차례로 비교합니다.

321 < 352   441 > 438   605 > 603

자릿수 퀴즈

다음은 세 자리 수 3개의 크기를 비교한 것입니다. ☐ 안에는 모두 같은 숫자가 들어가야 합니다. ☐ 안에 알맞은 숫자를 모두 찾아봅시다.

☐90 < 85☐ < 8☐6

 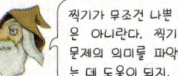

한 번 찍어 봐야지. 1이라고 생각해 보면 190<851<816. 틀렸어. 1은 안 돼.

찍기가 무조건 나쁜 것은 아니란다. 찍기는 문제의 의미를 파악하는 데 도움이 되지.

세 자리 수가 되려면 숫자 0이 백의 자리에 오면 안 된다는 것도 몰라?

❶ 다음 ☐ 안에 공통으로 들어갈 수 있는 숫자를 모두 쓰시오. 1, 2, 3, 4, 5, 6, 7

☐90 < 85☐

☐에는 8보다 작은 숫자가 들어갑니다.

❷ 다음 ☐ 안에 공통으로 들어갈 수 있는 숫자를 모두 쓰시오. 5, 6, 7, 8, 9

85☐ < 8☐6

☐에는 5와 같거나 5보다 큰 숫자가 들어갑니다.

❸ ☐ 안에 알맞은 숫자를 모두 구하시오. 5, 6, 7

☐90 < 85☐ < 8☐6

❶, ❷를 모두 만족하는 숫자는 5, 6, 7입니다.

1 [조건에 맞는 키]
초이의 키는 100cm보다 크고, 140cm보다 작습니다. 초이의 말을 듣고 초이의 키가 될 수 있는 수를 모두 구하시오. 130, 131, 132

내 키의 십의 자리 숫자는 3이고, 일의 자리 숫자는 십의 자리 숫자보다 작아.

초이

① 100보다 크고 140보다 작으므로 백의 자리 숫자는 1
② 십의 자리 숫자는 3
③ 일의 자리 숫자는 십의 자리 숫자보다 작으므로 0, 1, 2
→ 130, 131, 132

2 [주사위 세 자리 수]
1에서 6까지의 눈이 있는 주사위 3개를 굴려서 나온 눈을 한 번씩 사용하여 세 자리 수를 만들 때 다음 조건에 맞는 세 자리 수는 모두 몇 개입니까? 9개

145 < ☐☐☐ < 163

주사위를 굴려서 수를 만들면 222와 같이 같은 숫자가 여러 번 나오는 수도 만들 수 있어.

백의 자리, 십의 자리, 일의 자리 숫자가 되는 주사위를 각각 ㉮, ㉯, ㉰라고 할 때,
㉮의 눈: 1
㉯, ㉰의 눈: 46, 51, 52, 53, 54, 55, 56, 61, 62
→ 모두 9개 만들 수 있습니다.

🐷 크고 작은 수 만들기

48
49

다음 숫자 카드 3장을 한 번씩 사용하여 만들 수 있는 세 자리 수 중 300보다 크고, 500보다 작은 수는 모두 몇 개인지 알아봅시다.

7 4 3

> 300보다 크고 500보다 작으려면 백의 자리에 7이 들어갈 수 없어.

❶ 300보다 크고 500보다 작은 세 자리 수를 만들려면 백의 자리에 어떤 숫자가 들어가야 하는지 모두 구하시오. **3, 4**

❷ 백의 자리 숫자가 3인 세 자리 수를 모두 쓰시오.

백	십	일
3	4	7

백	십	일
3	7	4

❸ 백의 자리 숫자가 4인 세 자리 수는 몇 개입니까? **2개**
백의 자리 숫자가 4인 세 자리 수: **437, 473**

❹ 조건에 맞는 세 자리 수는 모두 몇 개입니까? **4개**

[큰 수부터 쓰기]

1 다음 숫자 카드 4장 중 3장을 골라 한 번씩 사용하여 만들 수 있는 세 자리 수를 큰 수부터 나열하였습니다. 색칠한 칸에 알맞은 두 수의 합을 구하시오. **807**

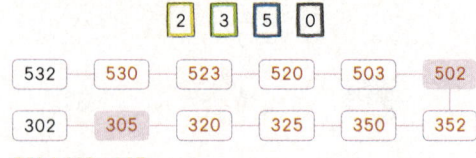

2 3 5 0

532	530	523	520	503	502

302	305	320	325	350	352

502+305=807

[공 뽑기]

2 다음과 같이 숫자가 적힌 공 4개가 들어 있는 주머니에서 공 3개를 꺼내 한 번씩 사용하여 만들 수 있는 세 자리 수 중 200보다 작은 짝수는 몇 개입니까? **4개**

> 어떤 수가 짝수가 되려면 일의 자리 숫자가 짝수가 되어야 해.

200보다 작은 수가 되려면 백의 자리 숫자가 1이 되어야 하고, 짝수가 되려면 일의 자리 숫자가 4 또는 6이 되어야 합니다.
십의 자리 숫자는 4, 6, 9가 모두 될 수 있으므로 조건에 맞는 수는 146, 196, 164, 194로 모두 4개입니다.

🐷 창의적 문제해결력

50
51

1 다음은 천판 수 배열표의 일부분입니다. 색칠한 칸에 있는 두 수의 차를 구하시오. **210**

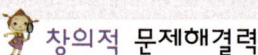

> 천판 수 배열표에서 아래로 한 칸 내려가면 100 커지고, 오른쪽으로 한 칸 가면 10 커지지.

수 배열표의 규칙에 따라 나는 가보다 210 더 큰 수입니다.

```
    10
  가 ┐
    └ 100
      └ 나
        100
```

2 천판 수 배열표에서 규칙을 찾아 빈칸에 알맞은 수를 써넣으시오.

230	240	250	260	270	280
330	340	350	360	370	380
430	440	450	460	470	480
530	540	550	560	570	580
630	640	650	660	670	680
730	740	750	760	770	780

230	⇔	780

440	⇔	570

650	⇔	360

760	⇔	250

짝 지은 두 수를 이어 보면 항상 수 배열표의 가운데 점을 지나고, 두 수에서 가운데 점까지의 거리가 같은 규칙입니다.

 🔴 동영상 특강
QR 코드를 찍어 보세요!

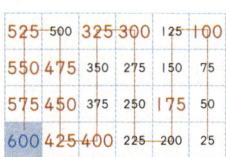

3 다음은 규칙에 따라 수를 배열한 표입니다. 표에서 가장 큰 수가 들어가는 칸에 색칠하고, 알맞은 수를 써넣으시오.

525	500	325	300	125	100
550	475	350	275	150	75
575	450	375	250	175	50
600	425	400	225	200	25

25씩 커지는 규칙입니다.

4 ★은 같은 숫자를 나타냅니다. ★이 나타내는 숫자를 구하시오. **6**

★75 < 75★ < 7★5

① ★75<75★에서 ★이 될 수 있는 숫자: 1, 2, 3, 4, 5, 6
② 75★<7★5에서 ★이 될 수 있는 숫자: 6, 7, 8, 9
①, ②에서 공통으로 ★이 될 수 있는 숫자: 6

넘버 퍼즐

7 숫자 퍼즐

초이와 친구들은 개울 사이에 돌을 놓아 징검다리를 만들려고 합니다.

돌 3개를 놓아야 해.

한 번에 3칸까지 뛰어 넘을 수 있어.

돌을 놓을 곳이 일정한 간격으로 6곳이 있구.

태경   지오   아인

세 칸 뛰기!

아이들이 개울을 건널 수 있도록 징검다리를 만드는 여러 가지 방법을 찾아 돌 3개를 놓는 곳에 색칠해 보시오.

예

이외에도 여러 가지 방법이 있습니다.
기슭과 돌 사이, 돌과 돌 사이에 빈 곳이 2곳보다 많으면 안 됩니다.

54 B1 수

흰 바둑돌 4개와 검은 바둑돌 2개를 나란히 놓으려고 합니다. 주어진 조건에 맞게 바둑돌이 놓이도록 검은 바둑돌의 위치에 색칠해 보시오.

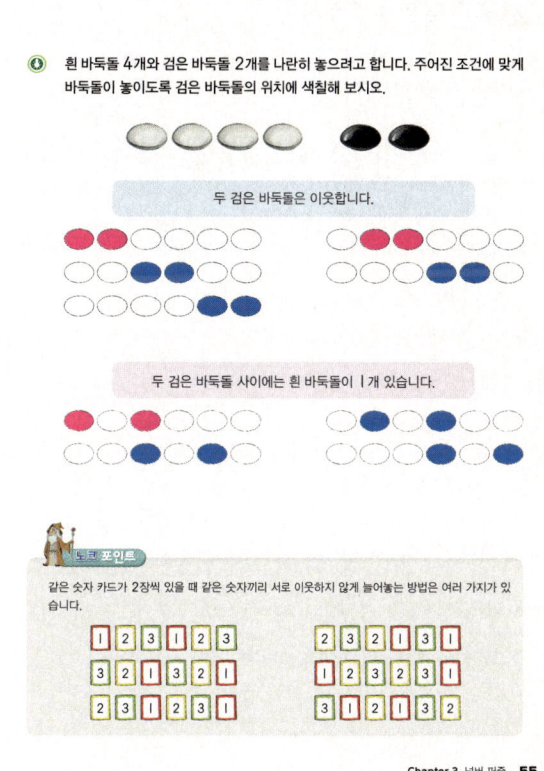

두 검은 바둑돌은 이웃합니다.

두 검은 바둑돌 사이에는 흰 바둑돌이 1개 있습니다.

토크 포인트

같은 숫자 카드가 2장씩 있을 때 같은 숫자끼리 서로 이웃하지 않게 늘어놓는 방법은 여러 가지가 있습니다.

1	2	3	1	2	3
3	2	1	3	2	1
2	3	1	2	3	1

2	3	2	1	3	1
1	2	3	1	2	3
3	1	2	3	1	2

Chapter 3 넘버 퍼즐   55

숫자 카드 배치

다음 숫자 카드 6장을 조건에 맞게 나란히 늘어놓는 방법을 모두 찾아봅시다.

준비물 숫자 카드

1	1	2	2	3	3

조건
• 1과 1 사이에 있는 숫자의 합은 10입니다.
• 2와 2는 이웃하여 있습니다.
• 3과 3은 이웃하여 있습니다.

❶ 1과 1 사이에 있는 숫자의 합이 10이 되도록 1을 써넣으시오.

1과 1을 뺀 나머지 숫자의 합을 구해!
2+2+3+3=10

1					1

❷ 1이 들어가는 칸을 제외한 나머지 칸에 2와 2가 이웃하도록 놓는 방법은 3가지가 있습니다. 숫자 2를 알맞게 써넣으시오.

1	2	2			1
1		2	2		1
1			2	2	1

❸ ❷에서 찾은 방법 중 3과 3이 이웃하는 방법을 찾아 완성하시오.

| 1 | 2 | 2 | 3 | 3 | 1 |
| 1 | 3 | 3 | 2 | 2 | 1 |

숫자 카드 6장 중 네 숫자의 합이 10이 되는 경우는 2, 2, 3, 3의 한 가지 밖에 없으므로 1과 1은 양 끝에 들어가야 합니다. 나머지 4칸에 2와 2, 3과 3이 이웃하게 놓는 방법은 2가지입니다.

| 1 | 2 | 2 | 3 | 3 | 1 | | 1 | 3 | 3 | 2 | 2 | 1 |

56 B1 수

[숫자 카드 사이의 합]

1 주어진 숫자 카드 6장을 한 줄로 나란히 놓으려고 합니다. 2와 2 사이에 있는 숫자의 합은 8, 3과 3 사이에 있는 숫자의 합은 2가 되도록 놓아 보시오.

준비물 숫자 카드

1	1	2	2	3	3

2	3	1	1	3	2

2와 2를 뺀 나머지 숫자의 합은 1+1+3+3=8이므로 2와 2는 양 끝에 들어가야 합니다.
나머지 카드를 3과 3 사이에 있는 숫자의 합이 2가 되도록 놓는 방법은 [2 3 1 1 3 2]입니다.

[컬러볼 배치]

2 빨간색, 노란색, 초록색, 파란색 공이 각각 2개씩 있습니다. 이 공을 조건에 맞게 한 줄로 나란히 늘어놓는 방법은 모두 몇 가지입니까? **4가지** 준비물 컬러볼

양쪽 끝에 들어가는 공의 색은 바로 알아낼 수 있어.

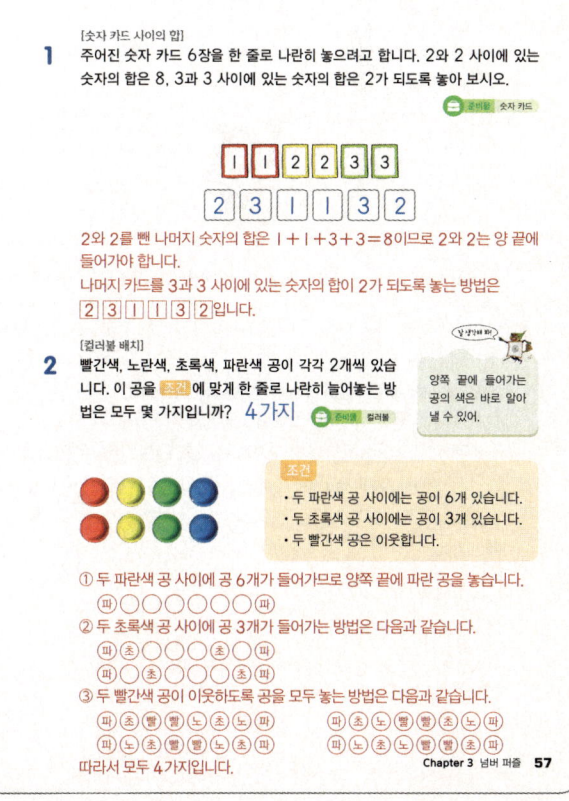

조건
• 두 파란색 공 사이에는 공이 6개 있습니다.
• 두 초록색 공 사이에는 공이 3개 있습니다.
• 두 빨간색 공은 이웃합니다.

① 두 파란색 공 사이에 공 6개가 들어가므로 양쪽 끝에 파란 공을 놓습니다.
파 ○ ○ ○ ○ ○ ○ 파

② 두 초록색 공 사이에 공 3개가 들어가는 방법은 다음과 같습니다.
파 초 ○ ○ ○ 초 ○ 파
파 ○ 초 ○ ○ ○ 초 파

③ 두 빨간색 공이 이웃하도록 공을 모두 놓는 방법은 다음과 같습니다.
파 초 빨 빨 노 초 노 파
파 노 초 빨 빨 초 노 파
파 초 노 빨 빨 초 노 파
파 노 초 노 빨 빨 초 파

따라서 모두 4가지입니다.

Chapter 3 넘버 퍼즐   57

---

12   B1 수

58 · 59

🦫 세 자리 수 네모네모

오른쪽과 같은 사각형에 1부터 9까지의 숫자를 하나씩 넣으면 화살표의 방향을 따라 세 자리 수 8개를 만들 수 있습니다.

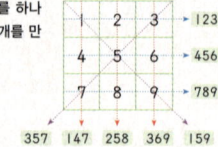

같은 방법으로 숫자의 위치만 바꾸어서 만들 수 있는 수가 다음과 같을 때, 사각형에 1부터 9까지의 숫자를 알맞게 써넣어 봅시다.

| 159 | 296 | 357 | 418 |
| 432 | 456 | 852 | 876 |

❶ 색칠한 칸에 들어가는 숫자가 백의 자리인 수는 3개입니다. 색칠한 칸에 알맞은 숫자를 구하시오. **4**

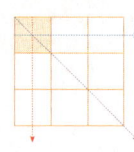

❷ 색칠한 칸에 들어가는 숫자가 백의 자리인 수는 2개입니다. 색칠한 칸에 알맞은 숫자를 구하고 나머지 빈칸에 알맞은 수를 모두 써넣으시오. **8**

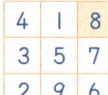

4	1	8
3	5	7
2	9	6

① 백의 자리 숫자가 2번, 3번 나오는 수를 찾아 알맞게 써넣습니다.

② 백의 자리가 4, 8인 수 중 공통으로 찾을 수 있는 십의 자리는 5입니다.

③ 백의 자리가 4, 8인 수의 각 자리 숫자를 알맞게 써넣습니다.

58

[세 자리 수 만들기]

1 수가 만들어지는 규칙을 찾아 ☐ 안에 알맞은 수를 써넣으시오.

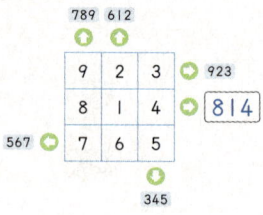

[네모네모 합 퍼즐]

2 화살표 끝에 있는 수는 화살표 위에 있는 세 수의 합입니다. ○ 안에 알맞은 수를 써넣으시오.

$3+4+☐=16$
$4+5+☐=15$

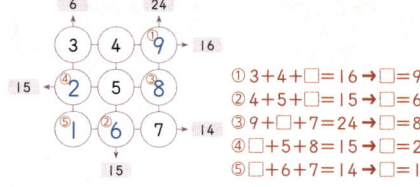

① $3+4+☐=16 → ☐=9$
② $4+5+☐=15 → ☐=6$
③ $9+☐+7=24 → ☐=8$
④ $☐+5+8=15 → ☐=2$
⑤ $☐+6+7=14 → ☐=1$

---

60 · 61

⑧ 스도쿠

스도쿠는 정사각형 격자 위에서 푸는 숫자 퍼즐입니다. 스위스의 수학자인 오일러가 만든 라틴방진에서 유래되었다고 합니다.

스도쿠는 중독성이 강하대. 한 번 하면 빠져 나올 수 없어.

중독이면 안 좋은 거잖아. 스도쿠를 하면 안 되겠군.

스도쿠라는 이름은 일본의 퍼즐 잡지에서 붙인 것으로 '숫자를 한 번씩만 쓸 수 있다'라는 뜻입니다.
다음은 가로, 세로, 9칸짜리 사각형 스도쿠 퍼즐입니다. 가로, 세로, 9칸짜리 사각형 안에 1부터 9까지의 숫자가 각각 한 번씩 들어가게 빈칸을 채워야 합니다.

위의 스도쿠 퍼즐의 빈칸에 알맞은 수를 써넣으시오.

60 B1 수

🔵 각 선분 위에 1, 2, 3, 4가 각각 한 번씩만 들어가도록 ○ 안에 알맞은 수를 써넣으시오.

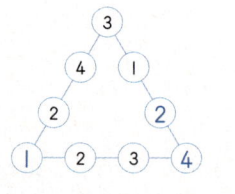 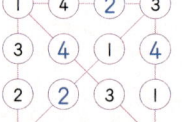

○ 안의 수를 찾을 때에는 푸는 순서가 중요해.

🦫 포인트

4×4 스도쿠 퍼즐 푸는 방법

① 세 숫자가 주어져 있는 곳을 찾아 빈칸에 알맞은 숫자를 써넣습니다.

② 또다른 세 숫자가 주어진 곳을 찾아 알맞은 숫자를 써넣습니다.

③ 나머지 빈칸을 조건에 맞게 채워서 스도쿠 퍼즐을 완성합니다.

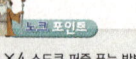

펜토미노 스도쿠

다음 퍼즐은 펜토미노 스도쿠입니다. 가로, 세로, 펜토미노로 나누어진 부분에 I, 2, 3, 4, 5가 각각 한 번씩만 들어가도록 빈칸을 모두 채워 봅시다.

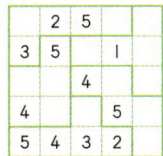

정사각형 5개를 붙인 모양을 펜토미노라고 해. 펜토미노 5칸 안에 각각 다른 수가 들어가야 해.

❶ 수학 요정의 힌트를 보고 칠해진 칸에 알맞은 수를 써넣으시오.

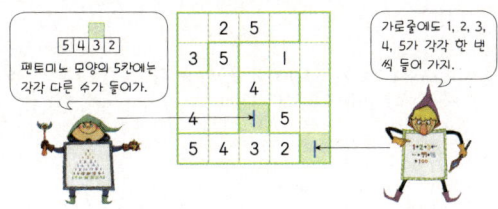

펜토미노 모양의 5칸에는 각각 다른 수가 들어가.

가로줄에도 I, 2, 3, 4, 5가 각각 한 번씩 들어가 가지.

❷ 가로, 세로를 보고 빨간색 칸에 알맞은 수를 써넣고, 나머지 빈칸을 조건에 맞게 모두 채워 보시오.

1	2	5	4	3
3	5	2	1	4
2	1	4	3	5
4	3	1	5	2
5	4	3	2	1

[5×5 스도쿠]

1 가로, 세로에 I, 2, 3, 4, 5가 각각 한 번씩만 들어가도록 빈칸에 알맞은 수를 써넣으시오.

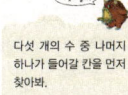
다섯 개의 수 중 나머지 하나가 들어갈 칸을 먼저 찾아봐.

4	1	5	3	2
2	5	4	1	3
1	2	3	4	5
3	4	2	5	1
5	3	1	2	4

이미 2가 있는 가로, 세로에는 2가 들어갈 수 없으므로 2가 들어갈 수 있는 곳은 한 칸 밖에 없습니다.

[컬러 스도쿠]

2 가로, 세로, 같은 색으로 칠한 곳에 I, 2, 3, 4, 5가 각각 한 번씩만 들어가도록 빈칸에 알맞은 수를 써넣으시오.

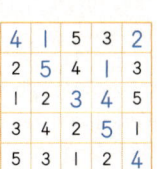

시작이 반이라고 처음이 중요해.

① 먼저 찾기 쉬운 숫자를 써넣습니다.

② 색칠한 칸에는 3 또는 4가 들어가지만 같은 가로줄에 4가 있으므로 3이 들어갑니다.

6×6 스도쿠

가로, 세로, 굵은 선으로 나누어진 부분에 I, 2, 3, 4, 5, 6이 각각 한 번씩만 들어가도록 빈칸을 모두 채워 봅시다.

1					
	5	4	2	1	3
	1	6		2	4
3	4		6		1
	6	1	4		5
		5			2

❶ 색칠한 칸에 번호 순서대로 알맞은 숫자를 써넣으시오.

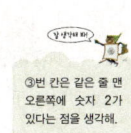

③번 칸은 같은 줄 맨 오른쪽에 숫자 2가 있다는 점을 생각해.

❷ 조건에 맞게 나머지 칸에 알맞은 수를 모두 써넣으시오.

1	2	3	5	4	6
6	5	4	2	1	3
5	1	6	3	2	4
3	4	2	6	5	1
2	6	1	4	3	5
4	3	5	1	6	2

[직소 스도쿠]

1 가로, 세로, 굵은 선으로 나누어진 부분에 I, 2, 3, 4, 5, 6이 각각 한 번씩만 들어가도록 빈칸을 모두 채워 보시오.

처음 하나를 찾으면 쭉 풀리지.

색칠한 칸에는 3 또는 5가 들어갑니다. 같은 가로줄에 있는 3과 5를 확인해 보면 위 칸에 5, 아래 칸에 3이 들어갑니다.

[벌집 스도쿠]

2 화살표 방향으로 나란히 있는 칸, 같은 색인 칸에 I, 2, 3, 4, 5, 6이 각각 한 번씩만 들어가도록 빈 곳에 알맞은 수를 써넣으시오.

빨간색 빈칸과 보라색 빈칸을 먼저 채워 봅니다.

14 B1 수

9 노노그램

노노그램은 일본에서 만들어진 숫자 그림 퍼즐입니다. 바둑판 모양의 격자판에 위와 옆에 적힌 힌트 숫자를 보고 색칠하여 모양을 만듭니다.

위와 옆에 쓰인 숫자는 연속으로 색칠한 칸의 수를 나타내, 숫자에 맞게 칸을 색칠하니 낙타 그림이 되었어.

낙타 노노그램

노노그램은 쉽게 풀리는 경우도 있지만 어려운 문제의 경우 상당한 집중력과 사고력이 필요한 두뇌 훈련 퍼즐입니다.

스도쿠와 원리가 비슷해, 머리 좀 써야겠어.

노노그램 인터넷 게임도 있다고 해. 재미있겠는 걸.

노노그램은 위와 옆에 적힌 힌트 숫자를 보고 칸을 색칠하여 그림을 완성하는 퍼즐입니다. 그림을 보고 힌트 숫자를 써넣으시오.

힌트 숫자를 넣는 건 아주 쉽네. 머리를 쓸 필요도 없어. 가로, 세로로 연속적으로 색칠되어 있는 칸의 수를 세어서 쓰면 돼.

중간에 색칠이 안 된 칸이 있으면 따로따로 쓰면 돼.

토크 포인트

노노그램 퍼즐 푸는 방법
① 먼저 전체를 색칠할 수 있는 줄을 찾아 색칠합니다.
② 색칠하지 않을 칸을 찾아 ✕ 표 합니다.
③ 나머지 칸에 색칠하거나 ✕ 표 하여 완성합니다.

노노그램 퍼즐

노노그램을 해 봅시다.

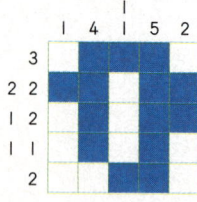

노노그램은 시작이 중요하지. 힌트 숫자 중 큰 수부터 찾아보는 게 어때!

❶ 위의 노노그램에서 힌트 숫자가 5인 세로줄을 색칠하시오.

❷ 힌트 숫자가 2 2인 가로줄을 색칠하시오.

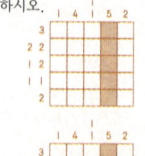

❸ 힌트 숫자를 보고 절대 색칠하지 않는 칸에 ✕표 하시오.

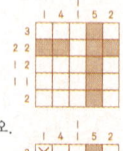

❹ 위의 노노그램을 완성하시오.

[4×4 노노그램 퍼즐]

1 사각형 밖에 있는 수는 그 줄에 연속으로 있는 ○의 수를 나타냅니다. 빈칸에 알맞게 ○를 그려 넣으시오.

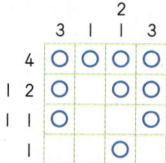

4가 있는 가로줄에 먼저 ○를 모두 그려 넣습니다. 2와 1이 함께 있는 줄은 빈칸이 반드시 있어야 하므로 중간에 있는 빈칸에는 ○가 들어가지 않습니다.

[노노그램 미로 탈출]

2 원숭이가 바나나를 찾아 미로를 통과하려고 합니다. 규칙을 보고 함정이 있는 방을 피해서 미로를 통과하는 선을 그어 보시오.

규칙
• 한 번 지나간 방은 다시 지날 수 없습니다.
• 미로의 밖에 있는 수는 그 줄에 연속으로 함정이 있는 방의 수입니다.

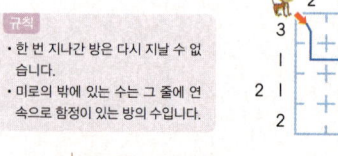

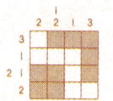

첫 칸과 마지막 칸에는 함정이 없습니다.
규칙에 맞게 함정이 있는 칸을 찾아 색칠해 봅니다.
색칠하지 않은 곳을 이어서 미로를 통과합니다.

지뢰 찾기

네모 칸 안에 적힌 수는 수를 둘러싼 칸에 있는 지뢰의 수를 나타 냅니다.

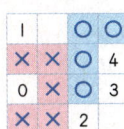

오른쪽 지뢰 찾기 퍼즐에 지뢰가 숨겨져 있습니다. 지뢰가 있는 칸을 모두 찾아 ○표 해 봅시다.

❶ 0을 둘러싼 분홍색 칸에는 모두 지뢰가 없습니다. 이 칸에 모두 ✕표 하시오.

❷ 4를 둘러싼 파란색 칸에 모두 4개의 지뢰가 있습니다. 지뢰가 있는 칸에 모두 ○표 하시오. 4를 둘러싼 빈칸은 모두 4개이고, 지뢰가 4개이므로 빈칸에 모두 지뢰가 들어갑니다.
❸ 나머지 칸에 지뢰가 있는지 없는지 표시하여 지뢰 찾기 퍼즐을 완성하시오.

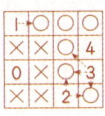

지뢰 찾기는 내가 좋아하는 컴퓨터 게임이지.

---

1 [지뢰 카운팅] 보기 와 같이 주위를 둘러싼 칸에 있는 지뢰의 수를 빈칸에 모두 써넣으시오.

2 [다리 놓기] 섬에 적힌 수는 다른 섬과 연결하려는 다리의 수입니다. 다리끼리 겹치지 않도록 다리를 선으로 나타내어 보시오.

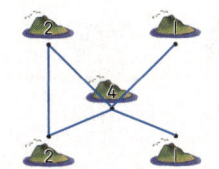

섬이 모두 5개니까 4가 적힌 섬은 다른 섬과 모두 연결되는 거야. 몰랐지?

섬 그림을 단순하게 나타내면 다음과 같습니다. 주어진 조건에 맞게 다리를 선으로 이어 봅니다.

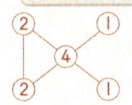

창의적 문제해결력

1 다음 숫자 카드 6장을 조건 에 맞게 한 줄로 나란히 늘어놓는 방법을 모두 찾아 보시오.

| 1 | 2 | 3 |
| 1 | 2 | 3 |

조건
• 1과 1 사이에는 카드 3장이 있습니다.
• 2와 2 사이에는 카드 2장이 있습니다.
• 3과 3 사이에는 카드 1장이 있습니다.

[방법1] | 1 | 3 | 2 | 2 | 3 | 1 | 2 |
[방법2] | 2 | 1 | 3 | 2 | 3 | 1 |

조건에 맞게 놓는 방법 한 가지는 1 3 2 3 1 1 2 입니다. 이 카드의 순서를 거꾸로 놓으면 나머지 한 방법이 됩니다.

2 가로, 세로, 굵은 선으로 나누어진 부분에 1, 2, 3, 4, 5, 6이 각각 한 번씩만 들어가도록 빈칸에 알맞은 수를 써넣으시오.

5	3	4	1	2	6
6	1	3	2	4	5
2	4	5	6	3	1
3	5	6	4	1	2
4	2	1	5	6	3
1	6	2	3	5	4

①을 먼저 써넣은 후 ②를 써넣을 수 있습니다. 그 후 조건에 맞게 수를 써넣습니다.

3 사각형 밖에 있는 수는 그 줄에 연속으로 있는 ○의 수를 나타냅니다. 빈칸에 알맞게 ○를 그려 넣으시오.

채울 수 있는 부분을 먼저 채운 후 나머지 칸들을 조건에 맞게 채웁니다.

4 네모 칸 안에 적힌 수는 그 수를 둘러싼 칸에 있는 지뢰의 수를 나타냅니다. 지뢰가 있는 칸을 모두 찾아 ○표 하시오.

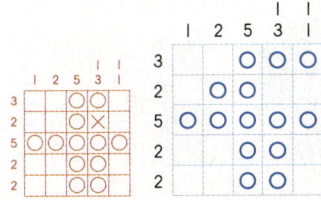

① 4가 적힌 칸 주위의 빈칸에는 모두 지뢰가 있습니다.
② 가운데 3이 적힌 칸 주위의 빈칸에는 더 이상 지뢰가 없습니다.
③ 조건에 맞게 지뢰가 있는 칸을 찾습니다.

조건과 수

10 자릿수 조건

지오는 세 자리 수를 '노크'인 것과 '노크'가 아닌 것으로 분류하였습니다.

| 133 | 222 |
| 300 | 141 |

이 수들은 '노크'야!

노크인 수는 숫자들이 모두 5보다 작아. 5보다 작은 숫자로 이루어진 수야.

| 910 | 275 |
| 321 | 876 |

이 수들은 '노크'가 아닌 것.

노크인 수는 300보다 작은 수야.
태경

초이

노크인 수는 똑같은 숫자가 있는 수야.
아인

지오가 수를 분류한 기준을 바르게 말한 친구는 누구입니까? **아인**

다음은 세 자리 수를 '노크'인 수와 '노크'가 아닌 수로 분류한 것입니다. 잘못 분류한 수를 모두 찾아 ○표 하시오.

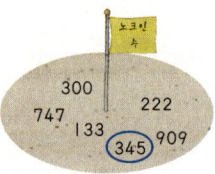

노크인 수

300　222
747　133
345　909

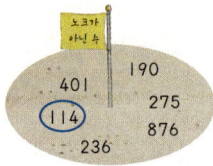

노크가 아닌 수

190
401　275
114　876
236

🔵 세 자리 수를 각 자리 숫자의 합에 따라 세 모둠으로 분류하였습니다. 각 모둠에 알맞은 수를 2개씩 더 찾아 쓰시오.

모둠 가	모둠 나	모둠 다
111	118	461
123	253	707
350	712	444
243	262	138
162	415	920

예
| 322 | 343 | 911 |
| 700 | 442 | 555 |

가: 각 자리 숫자의 합이 10보다 작은 수
나: 각 자리 숫자의 합이 10인 수
다: 각 자리 숫자의 합이 10보다 큰 수
이외에도 여러 가지 답이 있습니다.

노크 포인트

여러 가지 자릿수 조건에 맞는 세 자리 수를 찾을 수 있습니다.
① 같은 자릿수
　예 백의 자리 숫자와 십의 자리 숫자가 같은 수 ➡ 110 224 337 555 772 889
② 점점 늘어나거나 줄어드는 자릿수
　예 (일의 자리 숫자) > (십의 자리 숫자) > (백의 자리 숫자)
　➡ 123 235 136 347 459 789
③ 자릿수의 합
　예 각 자리 숫자의 합이 10인 수
　➡ 136 217 901 820 343 541

⚔️ 점점 작아지는 자릿수

숫자 카드 5장 중 3장을 골라 한 번씩 사용하여 세 자리 수를 만들려고 합니다. 만들 수 있는 세 자리 수 중 백의 자리 숫자가 십의 자리 숫자보다 크고, 십의 자리 숫자가 일의 자리 숫자보다 큰 수는 모두 몇 개인지 알아봅시다.

2　3　5　7　8

❶ 조건에 맞는 수 중 백의 자리 숫자가 8인 수를 모두 구하시오.

8 7 5　　8 7 3　　8 7 2

8 5 3　　8 5 2　　8 3 2

❷ 조건에 맞는 수 중 백의 자리 숫자가 7인 수를 모두 구하시오.

7 5 3　　7 5 2　　7 3 2

❸ 조건에 맞는 수 중 백의 자리 숫자가 5인 수를 구하시오. **532**

❹ 조건에 맞는 수는 모두 몇 개입니까? **10개**

6+3+1=10(개)

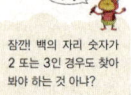
잠깐! 백의 자리 숫자가 2 또는 3인 경우도 찾아 봐야 하는 것 아니?

[점점 커지는 자릿수]

1 200보다 작은 세 자리 수 중 일의 자리 숫자가 십의 자리 숫자보다 크고, 십의 자리 숫자가 백의 자리 숫자보다 큰 수는 모두 몇 개입니까? **28개**

조건에 맞는 가장 작은 수는 123, 가장 큰 수는 189지.

수의 범위를 나누어 찾아봅니다.
120~129: 123, 124, ……, 129　➡ 7개
130~139: 134, 135, ……, 139　➡ 6개
140~149: 145, 146, ……, 149　➡ 5개
150~159: 156, 157, 158, 159　➡ 4개
160~169: 167, 168, 169　　　➡ 3개
170~179: 178, 179　　　　　➡ 2개
180~189: 189　　　　　　　➡ 1개
따라서 모두 28개입니다.

[세 자리 수의 비밀]

2 다음과 같은 특징을 가진 세 자리 수 중 가장 큰 수와 가장 작은 수를 각각 구하시오. **981, 321**

| 651 | 431 | 743 | 752 | 972 | 862 | 541 |

주어진 수는 모두 십의 자리 숫자와 일의 자리 숫자의 합이 백의 자리 숫자와 같고, 백의 자리 숫자가 십의 자리 숫자보다 크고, 십의 자리 숫자가 일의 자리 숫자보다 큽니다.
이러한 세 자리 수 중 가장 작은 수는 321, 가장 큰 수는 981입니다.

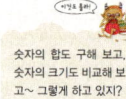
숫자의 합도 구해 보고, 숫자의 크기도 비교해 보고~ 그렇게 하고 있지?

정답 및 해설　**17**

🐢 팔린드롬 수

3, 22, 404와 같이 숫자를 거꾸로 읽어도 원래 수와 같은 수를 팔린드롬 수라고 합니다. 1부터 199까지의 수 중 팔린드롬 수는 모두 몇 개인지 구해 봅시다.

 토마토와 같이 앞으로 읽어도 거꾸로 읽어도 같은 말이 되는 것을 팔린드롬이라고 하지.

 토마토, 스위스, 기러기, 일요일, 별똥별, 사진사, 일주일, 아시아.

❶ 한 자리 수는 모두 팔린드롬 수입니다. 한 자리 팔린드롬 수는 몇 개입니까? **9개**

❷ 십의 자리 숫자와 일의 자리 숫자가 같은 두 자리 수는 팔린드롬 수입니다. 두 자리 팔린드롬 수는 몇 개입니까? **9개**
11, 22, 33, 44, 55, 66, 77, 88, 99

❸ 백의 자리 숫자와 일의 자리 숫자가 같은 세 자리 수는 팔린드롬 수입니다. 200보다 작은 세 자리 팔린드롬 수를 작은 수부터 차례로 써 보시오. 200보다 작은 세 자리 팔린드롬 수는 몇 개입니까? **10개**

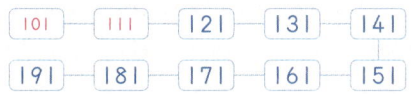

❹ 1부터 199까지의 수 중 팔린드롬 수는 모두 몇 개입니까? **28개**
9+9+10=28(개)

[최대, 최소 팔린드롬 수]

1 세 자리 팔린드롬 수 중에서 가장 큰 수와 가장 작은 수의 차를 구하시오. **898**

가장 큰 세 자리 팔린드롬 수: 999
가장 작은 세 자리 팔린드롬 수: 101
두 수의 차: 999-101=898

 백의 자리 숫자가 9인 세 자리 수 중에서 팔린드롬 수를 찾아보렴.

[팔린드롬 주사위]

2 1부터 6까지의 수가 적힌 주사위 3개를 굴려서 나온 수로 세 자리 수를 만들려고 합니다. 만들 수 있는 세 자리 수 중 팔린드롬 수는 모두 몇 개입니까? **36개**

 가장 작은 수는 111, 가장 큰 수는 666이지.

백의 자리 숫자가 1인 팔린드롬 수는 111, 121, 131, 141, 151, 161이므로 6개입니다.
백의 자리 숫자가 2, 3, 4, 5, 6일 때도 각각 6개씩입니다.
따라서 팔린드롬 수는 모두 6×6=36(개)입니다.

---

⑪ 조건에 맞는 수

아인이와 초이는 세 자리 수 맞히기 스무 고개 게임을 하고 있습니다. 초이는 마음 속으로 세 자리 수를 생각하고, 아인이의 질문에 "응." 또는 "아니."로만 대답합니다.

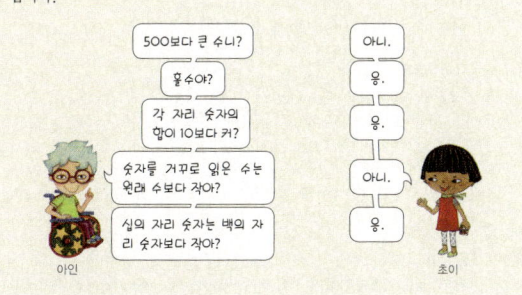

500보다 큰 수니? — 아니.
홀 수야? — 응.
각 자리 숫자의 합이 10보다 커? — 응.
숫자를 거꾸로 읽은 수는 원래 수보다 작아? — 아니.
십의 자리 숫자는 백의 자리 숫자보다 작아? — 응.

아인 / 초이

다음 중 초이가 마음 속으로 생각한 수를 찾아 ○표 하시오.

639 418 217 453 (427) 385

다음 순서에 따라 수를 찾습니다.
① 500보다 크지 않은 수: 418, 217, 453, 427, 385
② 홀수: 217, 453, 427, 385
③ 각 자리 숫자의 합이 10보다 큰 수: 453, 427, 385
④ 거꾸로 읽은 수가 원래 수보다 작지 않은 수: 427, 385
⑤ 십의 자리 숫자가 백의 자리 숫자보다 작은 수: 427

응...... 모르겠어.

---

❶ 사다리를 타고 내려가면서 만나게 되는 조건에 맞는 수를 주어진 수 중에서 골라 □ 안에 써넣으시오.

333 400 901 848 497

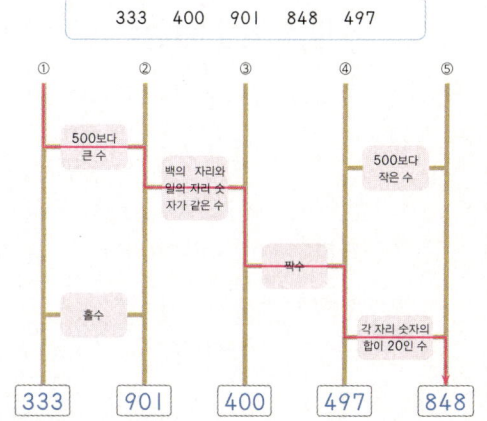

333 901 400 497 848

🦉 노코 포인트

수를 구분하는 여러 가지 조건이 있습니다.

① 수의 크기: 예 400보다 큰 수, 777보다 작은 수
② 자릿수: 예 백의 자리 숫자가 십의 자리 숫자보다 큰 수, 각 자리 숫자의 합이 10인 수
③ 뛰어 세기: 예 홀수, 100부터 20씩 뛰어 센 수

18 B1 수

84 · 85

조건에 맞는 수의 개수

조건 에 맞는 수는 모두 몇 개인지 알아봅시다.

> **조건**
> • 500보다 작은 세 자리 수입니다.
> • (백의 자리 숫자) > (십의 자리 숫자) > (일의 자리 숫자)
> • 각 자리 숫자의 합이 5보다 큽니다.

❶ 500보다 작은 세 자리 수의 백의 자리 숫자가 될 수 있는 숫자를 모두 쓰시오.

1, 2, 3, 4

❷ 첫 번째와 두 번째 조건에 맞는 수를 모두 쓰시오.

210	310	320	321
410	420	421	430
431	432

백의 자리 숫자가 1이면 두 번째 조건에 맞는 수를 만들 수 없단다.

❸ ❷에서 찾은 수 중 세 번째 조건에 맞는 수는 모두 몇 개입니까? 6개

조건에 맞는 수를 모두 찾아보면
321, 420, 421, 430, 431, 432로 모두 6개입니다.

[조건에 맞는 수 만들기]

1 다음 숫자 카드 6장 중 3장을 골라 한 번씩 사용하여 만든 세 자리 수 중 400 보다 크고, 각 자리 숫자의 합이 10보다 작은 수는 모두 몇 개입니까? **8개**

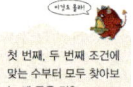

0 2 3 4 7

① 400보다 큰 수이려면 백의 자리 숫자가 4, 7이 되어야 합니다.
② 백의 자리가 4인 수 중 각 자리 숫자의 합이 10보다 작은 수
  402, 403, 420, 423, 430, 432 ➡ 6개
③ 백의 자리가 7인 수 중 각 자리 숫자의 합이 10보다 작은 수
  702, 720 ➡ 2개
따라서 조건에 맞는 수는 8개입니다.

[숨은 자릿수 조건]

2 조건 에 맞는 수는 모두 4개입니다. ⬜ 안에 알맞은 숫자를 써넣으시오.

> **조건**
> • 700보다 큰 세 자리 짝수입니다.
> • 숫자를 거꾸로 읽은 수가 원래 수와 같습니다.
> • 십의 자리 숫자가 ⎡4⎤ 보다 작습니다.

첫 번째, 두 번째 조건에 맞는 수부터 모두 찾아보는 게 좋을 걸?

첫 번째, 두 번째 조건에 맞는 수를 모두 찾아보면
808, 818, 828, 838, 848, 858, 868, 878, 888, 898입니다.
이 중 십의 자리 숫자가 어떤 숫자보다 작은 수가 4개가 되려면 어떤 숫자는 4가 되어야 합니다.

---

86 · 87

가로세로 수 퍼즐

가로세로 수 퍼즐을 완성해 봅시다.

①1	②2	1
		0
	②9	2	9
		1
③1	0	0

> **가로 열쇠**
> ① 세 번째로 작은 세 자리 팔린드롬 수
> ② 일의 자리와 백의 자리 숫자는 같고, 각 자리 숫자의 합은 20인 수
> ③ 가장 작은 세 자리 수

> **세로 열쇠**
> ⑦ 십의 자리는 백의 자리 숫자보다 작고, 일의 자리와 백의 자리 숫자의 합은 10인 수
> ④ 백의 자리는 십의 자리 숫자보다 크고, 십의 자리는 일의 자리 숫자보다 큰 수

❶ 세 자리 팔린드롬 수 중 가장 작은 수는 101입니다. 세 번째로 작은 세 자리 팔린드롬 수를 가로 열쇠 ①에 써넣으시오.

101, 111, 121······로 세 번째로 작은 세 자리 팔린드롬 수는 121입니다.

❷ 세로 열쇠 ⑦의 첫 번째 숫자는 1입니다. 조건에 맞게 세로 열쇠 ⑦에 알맞은 수를 써넣으시오.

십의 자리 숫자는 백의 자리 숫자 1보다 작으므로 0이고 일의 자리와 백의 자리 숫자의 합은 10이므로 일의 자리 숫자는 9입니다. ➡ 109

❸ 나머지 칸을 모두 채워서 위의 가로세로 수 퍼즐을 완성하시오.

[도전! 가로세로 수 퍼즐]

1 가로세로 수 퍼즐을 완성하시오.

①7	7	7		②9	1
		8			2
	③9	0	2		
				9	④9
⑤1			④8	4	8
⑤5	5				8

> **가로 열쇠**
> ① 각 자리 숫자가 모두 7인 세 자리 수
> ② 각 자리 숫자의 합이 10인 두 자리 수 중 가장 큰 수
> ③ 거꾸로 읽으면 209인 수
> ④ 십의 자리가 일의 자리 숫자의 절반인 팔린드롬 수
> ⑤ 십의 자리와 일의 자리 숫자가 같은 두 자리 수

> **세로 열쇠**
> ⑦ 십의 자리가 백의 자리 숫자보다 크고, 일의 자리가 십의 자리 숫자보다 큰 세 자리 수
> ④ 일의 자리가 십의 자리 숫자의 2배인 두 자리 수
> ④ 각 자리 숫자의 합이 19인 세 자리 짝수
> ⑧ 백의 자리가 십의 자리 숫자보다 크고, 일의 자리는 십의 자리 숫자와 같은 세 자리 수
> ⑩ 세 번째로 작은 두 자리 홀수

주어진 조건으로 구할 수 없는 수는 다른 수를 찾아낸 다음에 다시 구해 봐!

정답 및 해설 **19**

12 수와 숫자의 개수

태경이와 아인이는 수와 숫자에 대해 이야기합니다.

수와 숫자는 다른 거야. 9라는 숫자를 써서 9라는 수를 나타내지. — 아인

무슨 말을 하는 건지…… 수와 숫자는 같은 거야. — 태경

태경이는 대마법사에게 수와 숫자에 대해 여쭈어 보았습니다.

아인이 맞아. 수는 숫자를 써서 나타낸단다. 0, 1, 2, ……, 9 10개의 숫자로 모든 수를 나타낸단다. 수와 숫자는 다른 거란다. — 멀린

아, 알았어요. 27이라는 한 개의 수는 숫자 2, 숫자 7, 두 개의 숫자를 써서 만들었군요. — 태경

다음 ▨ 안의 수를 보고, 수와 숫자의 개수를 구하시오.

9	26	315
수: 1 개	수: 1 개	수: 1 개
숫자: 1 개	숫자: 2 개	숫자: 3 개

주어진 조건에 맞는 수를 모두 쓰고, 수와 숫자의 개수를 각각 구하시오.

11부터 15까지의 수
11 12 13 14 15

수: 5 개   숫자: 10 개

124부터 127까지의 수
124 125 126 127

수: 4 개   숫자: 12 개

96부터 103까지의 수
96 97 98 99 100 101 102 103

수: 8 개   숫자: 20 개

숫자의 개수를 셀 때는 0도 1개로 세지.

노크 포인트

① 한 자리 수는 수가 숫자 1개로 이루어져 있습니다. 7 ➡ 수 1개, 숫자 1개

② 두 자리 수는 수가 1개 숫자 2개로 이루어져 있습니다. 45 ➡ 수 1개, 숫자 2개

③ 세 자리 수는 수가 1개 숫자 3개로 이루어져 있습니다. 100 ➡ 수 1개, 숫자 3개

연속수 세기

태경이는 공책에 1부터 99까지의 수를 순서대로 썼습니다. 태경이가 쓴 수와 숫자는 각각 몇 개인지 알아봅시다.

1 2 3 4 5 6 7 8 9 10
11 12 13 14 15 16 17 18 19 20
21 22 23 24 25 26 27 28 ……

❶ 1부터 9까지는 한 자리 수입니다. 수와 숫자는 각각 몇 개입니까? 9개, 9개

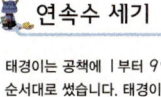 한 자리 수는 수와 숫자의 개수가 같아.

❷ 10부터 99까지는 두 자리 수입니다. 수의 개수를 구해 보시오. 90개
99 − 9 = 90(개)

❸ 두 자리 수 하나는 각각 몇 개의 숫자로 되어 있습니까? 2개

 36이라는 하나의 수는 숫자 3, 숫자 6, 두 개의 숫자로 되어 있어.

❹ 두 자리 수를 쓰는 데 사용한 숫자는 모두 몇 개입니까? 180개
90 × 2 = 180(개)

❺ 1부터 99까지 태경이가 쓴 수와 숫자는 각각 몇 개입니까? 99개, 189개
숫자: 9 + 180 = 189(개)

 한 자리 수 한 개를 쓰는 데 사용한 숫자는 1개, 두 자리 수 한 개를 쓰는 데 사용한 숫자는 2개야.

[홀수와 숫자]

1 1부터 2씩 뛰어 센 수 50개를 썼습니다. 이 수에 있는 숫자의 개수를 구하시오. 95개

1 3 5 7 9 11 13 15 17 ……

주어진 수는 모두 홀수입니다.
50번째 홀수는 2 × 50 − 1 = 99입니다.
① 한 자리 홀수: 1, 3, 5, 7, 9 ➡ 숫자 5개
② 두 자리 홀수: 11, 13, 15, ……, 97, 99 ➡ 수 45개, 숫자 90개
따라서 숫자는 모두 5 + 90 = 95(개)입니다.

[몇에서 몇까지]

2 1, 2, 3……과 같이 1부터 어떤 수까지 순서대로 수를 썼습니다. 수를 쓰는 데 사용한 숫자가 모두 39개일 때 어떤 수를 구하시오. 24

1부터 9까지 사용한 숫자가 9개이므로
두 자리 수를 쓰는 데 사용한 숫자는
39 − 9 = 30(개)입니다.
두 자리 수는 각각 2개의 숫자를 사용하므로
15개의 두 자리 수를 쓴 것입니다.
따라서 어떤 수는 9 + 15 = 24입니다.

 두 자리 수를 쓰는 데 사용한 숫자는 몇 개?

---

20 B1 수

92 93

숫자의 개수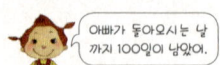

지오는 외국으로 일하러 가신 아빠를 기다리며 아빠가 돌아오시기로 한 날의 100일 전부터 알림판에 남은 날짜를 숫자 카드로 나타내었습니다.

아빠가 돌아오시는 날까지 100일이 남았어.

아빠가 돌아오시는 날까지 숫자 카드 8을 모두 몇 번 사용해야 하는지 구해 봅시다.

❶ 다음은 1부터 100까지의 수를 쓴 것입니다. 숫자 8이 들어가는 칸을 모두 색칠하시오. 숫자 8이 쓰인 칸은 모두 몇 개입니까? **19개**

1	2	3	4	5	6	7	8	9	10
11	12	13	14	15	16	17	18	19	20
21	22	23	24	25	26	27	28	29	30
31	32	33	34	35	36	37	38	39	40
41	42	43	44	45	46	47	48	49	50
51	52	53	54	55	56	57	58	59	60
61	62	63	64	65	66	67	68	69	70
71	72	73	74	75	76	77	78	79	80
81	82	83	84	85	86	87	88	89	90
91	92	93	94	95	96	97	98	99	100

❷ 88은 숫자 8이 두 번 쓰입니다. 1부터 100까지의 수를 쓸 때 8은 모두 몇 번 쓰입니까? **20번**

[키보드]

1 키보드로 1부터 100까지의 수를 치려고 할 때, 숫자 4를 누르는 키는 모두 몇 번 눌러야 합니까? **20번**

숫자 4가 한 번만 들어가는 수는
4, 14, 24, 34, 54, 64, 74, 84, 94로 9개
40, 41, 42, 43, 45, 46, 47, 48, 49로 9개
숫자 4가 두 번 들어가는 수는 44
따라서 숫자 4를 9+9+2=20(번) 누릅니다.

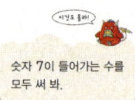

44는 숫자 4를 두 번 눌러야 해.

[럭키 세븐]

2 7에서 77까지의 수를 순서대로 쓸 때, 숫자 7은 모두 몇 번 나옵니까? **16번**

숫자 7이 한 번만 들어가는 수는
7, 17, 27, 37, 47, 57, 67로 7개
70, 71, 72, 73, 74, 75, 76으로 7개
숫자 7이 두 번 들어가는 수는 77
따라서 7+7+2=16(번) 나옵니다.

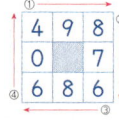

숫자 7이 들어가는 수를 모두 써 봐.

---

94 95

창의적 문제해결력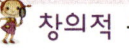

1 300보다 작은 세 자리 수 중 각 자리 숫자의 합이 6인 수는 모두 몇 개입니까? **11개**

백의 자리 숫자는 1 또는 2야.

105, 114, 123……

백의 자리 숫자가 1인 수: 105, 114, 123, 132, 141, 150
백의 자리 숫자가 2인 수: 204, 213, 222, 231, 240
➔ 모두 11개

2 조건 을 모두 만족하는 세 자리 수 중 세 번째로 큰 수를 구하시오. **757**

> 조건
> • 700보다 큰 홀수입니다.
> • 숫자를 거꾸로 읽어도 처음 수와 같습니다.
> • 각 자리 숫자의 합이 20보다 작습니다.

첫 번째, 두 번째 조건에 맞는 수를 모두 찾아보면
707, 717, 727, 737, 747, 757, 767, 777, 787, 797
909, 919, 929, 939, 949, 959, 969, 979, 989, 999
이 중 세 번째 조건에 맞는 수를 큰 수부터 찾아 쓰면
919-909-757-747……
따라서 조건에 맞는 세 번째로 큰 수는 757입니다.

🔈 동영상 특강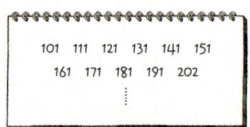
QR 코드를 찍어 보세요!

3 화살표 방향으로 읽은 세 자리 수의 조건 이 다음과 같을 때, 빈칸에 알맞은 숫자를 써넣으시오.

> 조건
> ① 500보다 작은 수 중 가장 큰 짝수
> ② 십의 자리는 백의 자리 숫자보다 1 작고, 일의 자리는 십의 자리 숫자보다 1 작은 수
> ③ 각 자리 숫자의 합이 20인 팰린드롬 수
> ④ 각 자리 숫자의 합이 10인 수

①	4	9	8	②
	0		7	
④	6	8	6	③

① 498
② 십의 자리 숫자: 8-1=7, 일의 자리 숫자: 7-1=6 ➔ 876
③ 6□6 에서 6+□+6=20, □=8 ➔ 686
④ 6□4 에서 6+□+4=10, □=0 ➔ 604

4 공책에 세 자리 팰린드롬 수를 모두 썼습니다. 수를 쓰는 데 사용한 숫자는 모두 몇 개입니까? **270개**

> 101 111 121 131 141 151
> 161 171 181 191 202
>   ⋮

세 자리 팰린드롬 수: 101, 111, 121, ……, 181, 191
202, 212, 222, ……, 282, 292
⋮
909, 919, 929, ……, 989, 999
➔ 수 90개, 숫자 270개

MEMO

MEMO

56, 57쪽에 사용하세요.

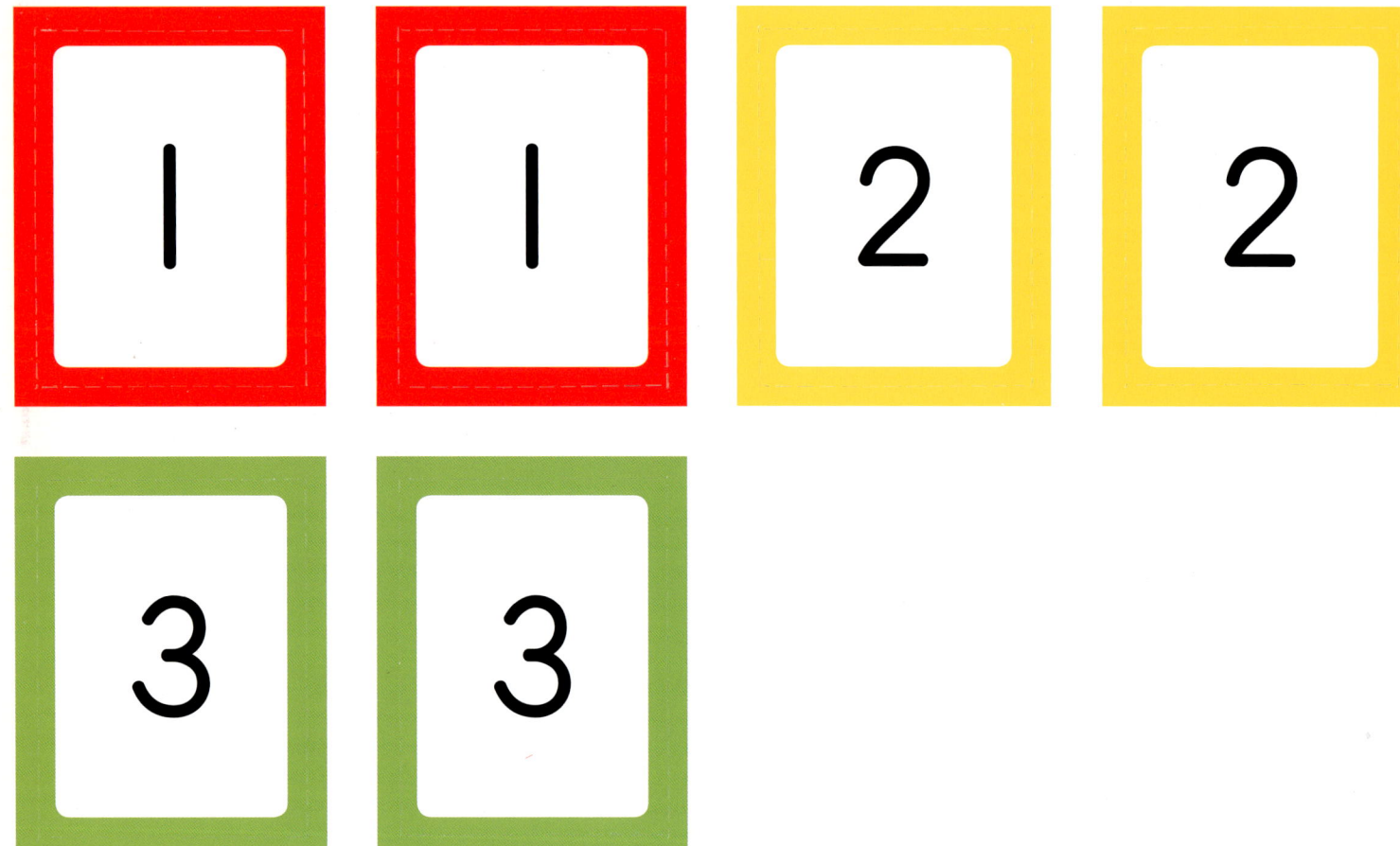

1 1 2 2

3 3

57쪽에 사용하세요.